Langenscheidt
Sprachführer

Kroatisch

Die wichtigsten Sätze und Wörter für die Reise

Langenscheidt

München · Wien

E-Book Download

Gehen Sie auf **www.langenscheidt.de/sprachfuehrer-ebook** und laden Sie mit dem Code **H576R** Ihr kostenloses E-Book herunter.

Abkürzungen:

f	weiblich
m	männlich
pl	Plural

Bildnachweis:

S. 19: iStockphoto/paulprescott72
S. 49: Getty Images/Gary John Norman
S. 63: Sabine von Loeffelholz
S. 79: Alamy/Nicholas Pitt
S. 111: Alamy/Antony Souter
S. 129: Alamy/Elmtree Images
S. 163: laif/Michael Amme
S. 191: Sabine von Loeffelholz
S. 213: Alamy/Travelfile

Herausgegeben von der Langenscheidt-Redaktion
Gestaltungskonzept von Farnschläder & Mahlstedt, Hamburg
Covergestaltung von KW43 BRANDDESIGN, Düsseldorf

© 2014 Langenscheidt GmbH & Co. KG, München
Druck und Bindung: Druckerei C. H. Beck, Nördlingen
ISBN: 978-3-468-22315-0
www.langenscheidt.de

15030

Inhalt

Benutzerhinweise

Wenn es mehrere Möglichkeiten gibt, einen Satz fort-
zuführen, stehen die möglichen Ergänzungen unter dem
Satz. Setzen Sie die passende Ergänzung in die Lücke mit
den drei Punkten ein.

Können Sie mir ... empfehlen?	Možete li mi preporučiti ... móschete li mi preporútschiti ...
... ein gutes Hotel	... dobar hotel? ... dóbar chótel?
... eine Pension	... pansion? ... panßíon?

Alle kroatischen Sätze und Wörter sind zusätzlich in
vereinfachter Lautschrift angegeben.

Wo bekomme ich ... ?   Gdje mogu dobiti ...?   gdje mógu dóbiti ...

Bei Auslassungspunkten können Sie das einsetzen, was Sie
gerade sagen möchten. Ergänzungen finden Sie in der Liste
„Weitere Wörter" zu jedem Abschnitt oder Kapitel.

Ich habe verstanden.   ♂ Razumio / ♀ Razumjela sam.
                       ♂ rasumio / ♀ rasumjela sam.

Wenn es unterschiedliche Formen je nach Geschlecht der
Person gibt, ist die männliche Form mit ♂ und die weibliche
mit ♀ markiert. Als Mann sagen Sie also Razumio sam und
als Frau Razumjela sam.
In der Grammatik und im Reisewörterbuch verwenden wir
dagegen die Abkürzung *m* für männlich und *f* für weiblich.

Wo ist die Touristen-
information?

Gdje je turistička agencija?
gdje je turíßtitschka agéntzija?

Das könnten Sie hören:

◄ Prva ulica lijevo.
pŕwa úlitza lijéwo.

Die erste Straße links.

Sätze, die Sie nicht selber sagen werden, die man aber vielleicht zu Ihnen sagt, haben wir in umgekehrter Sprachrichtung (also links Kroatisch, rechts Deutsch) aufgenommen. Sie sind mit der Überschrift „Das könnten Sie hören" versehen und mit Pfeilen gekennzeichnet.

Haben Sie das auch in
einer anderen Farbe?

Imate li ovo i u drugoj boji?
ímate li ówo i u drúgoj bóji?

▸*Farben*, S.144

Verweis auf andere Kapitel, in denen Sie weitere Wörter und Sätze finden.

Wie heißen Sie | heißt
du?

Kako se zovete | zoveš?
káko ße sówete | sówesch?

Manchmal sind in einem Satz die du- und Sie-Form angegeben. Die Varianten sind unterstrichen und mit einem Strich getrennt. Sie müssen den Satz entsprechend auflösen, je nachdem, was Sie sagen wollen: entweder Kako se zovete? (Wie heißen Sie?) oder Kako se zoveš? (Wie heißt du?).

Achtung, Fettnäpfchen!

In Kroatien ist es durchaus üblich, unangemeldet zu Besuch z
kommen. Blumen oder Pralinen für die Hausfrau und eine
Flasche Wein für den Hausherrn sind geeignete Mitbringsel
für einen Überraschungsbesuch. Kroaten sind sehr kinderlieb
schenken Sie den Kindern deshalb unbedingt Ihre Aufmerk-
samkeit. Und seien Sie nicht überrascht, wenn Sie beim
Thema Beruf nach Ihrem Gehalt gefragt werden. In Kroatien
spricht man offen über das Einkommen.

Wenn Sie von der kroatischen Sprache oder von Kroatien spre
chen, sagen Sie nicht Jugoslawisch oder Jugoslawien. Kroaten
sind stolz auf ihren jungen Staat. Deshalb hören sie es auch
nicht gerne, wenn Kroatien als Balkan-Land bezeichnet wird.

Anrede

Im Kroatischen unterscheidet man in der Anrede wie im
Deutschen zwischen Sie (vi wi) und du (ti ti). Beim ersten
Kontakt siezt man den Gesprächspartner und spricht ihn mit
Herr (gospodine goßpódine) bzw. Frau (gospođo góßpodjo)
plus Nachname an. Sie sollten nicht ohne Aufforderung zum
Du übergehen.

Begrüßung

Mit Dobro jutro! dóbro jútro! (Guten Morgen) grüßen Sie bis
gegen 12 Uhr, danach sagen Sie bis gegen 18 Uhr Dobar dan!
dóbar dan! (Guten Tag!). Am Abend verwenden Sie Dobra
večer! dóbra wétscher! (Guten Abend!) und später in der Nacht
verabschieden Sie sich mit Laku noć! láku notch! (Gute Nacht!).
Unabhängig von der Tageszeit sind die Grußformeln Zdravo!
sdráwo und Bok! bok. Gute Bekannte untereinander sowie jün-
gere Leute verwenden sie zur Begrüßung oder Verabschiedung

Bei der Begrüßung küsst man Frauen auf beide Wangen –
links und rechts (auf keinen Fall drei Mal). Männer werden mit
Handschlag begrüßt.

Essgewohnheiten

Außer im Restaurant (Restoran reßtóran) können Sie in der
Gaststätte (Gostionica goßtjónitza, Konoba kónoba) gut und
preiswert essen. Eine kleine Mahlzeit im Stehen erhalten Sie
im Bife bifé (Imbissstube). Kaffee und Kuchen finden Sie in
der Slastičarnica ßlaßtitschárnitza (Konditorei) oder im Café
kafé.

Es ist vielerorts üblich, vor dem Essen einen Kräuterschnaps
(travarica trawáritza) zu reichen. Zum Essen wird meist Wein
oder Weinschorle (bevanda béwanda) getrunken. Probieren
Sie doch einmal einen gemišt gemíscht (Wein mit Mineralwasser) oder einen špricer schprítzer (Wein mit Soda).

Am einfachsten machen Sie die Bedienung mit Molim vas!
mólim waß! (Ich bitte Sie!) auf sich aufmerksam, das klingt
höflicher als Konobare! kónobare! (Kellner) oder Djevojko!
djéwojko! (Fräulein).

Getrennt zu bezahlen war in Kroatien lange Zeit unüblich.
Inzwischen ändert sich das. Wenn Sie getrennt bezahlen
wollen (platiti odvojeno plátiti odwójeno), sagen Sie es am
besten gleich dazu, wenn Sie um die Rechnung bitten.

Als Anerkennung für guten Service sind im Restaurant etwa
10 Prozent Trinkgeld angemessen. Entweder lässt man es auf
dem Tisch liegen, oder man rundet den Rechnungsbetrag
beim Bezahlen entsprechend auf.

Aussprache

Um Ihnen eine Hilfe bei der Aussprache des Kroatischen zu geben, haben wir alle Wörter und Sätze zusätzlich in einer vereinfachten Lautschrift wiedergegeben. Beachten Sie dabe folgende Besonderheiten:

Im Kroatischen werden alle Vokale offen ausgesprochen (wie zum Beispiel im Deutschen das *e* in nett). Bei Vokalverbindungen ist jeder einzelne Vokal zu hören:
reuma re-uma Rheuma.

Eine Besonderheit in der kroatischen Sprache ist das silbenbildende r, wie es zum Beispiel im Namen der Insel Krk vorkommt. Dieses r muss deutlich gesprochen werden und is in der Lautschrift mit einem Akzent über dem r gekennzeichnet:
vrlo wŕlo sehr, hrvatski chŕwatßki kroatisch.

Die Betonung liegt im Kroatischen bei zweisilbigen Wörtern immer auf der ersten Silbe. Bei mehrsilbigen Wörtern könne alle Silben – außer der letzten – betont sein. Zur Erleichterun der Aussprache haben wir in der Lautschrift über dem betonten Vokal einen Akzent gesetzt:
putovnica putównitza Reisepass.

Schrift	Laut-schrift	Aussprache	Beispiel
c	tz	wie *z* in Ziege	centar tzéntar Zentrum
č	tsch	wie *tsch* in tschechisch	moči mótschi können
ć	tch	weiches *tch* wie in Hütchen	ćuti tchúti hören
dž	dsch	wie *j* in engl. John	džepna lampe dschépna lámpe Taschenlampe
đ	dj	ein Laut zwischen *dj* und *dsch*	đak djak Schüler
h	ch	dunkles *ch* wie in noch	hladno chládno kalt
lj	lj	wie *li* in Familie	ljubav ljúbaw Liebe
nj	nj	wie das *gn* in Kognak	zanimanje sanímanje Beruf
s	ß	stimmloses *s* wie in heißen	selo ßélo Dorf
š	sch	wie *sch* in Schule	škola schkóla Schule
v	w	wie *w* in Wasser	vino wíno Wein
z	s	stimmhaftes *s* wie in Sonne	zeleno séleno grün
ž	sch	stimmhaftes *sch* wie in Journalist	žurnal schúrnal Zeitschrift

Substantive

Geschlecht und Artikel

Wie im Deutschen gibt es im Kroatischen drei grammatische Geschlechter: Maskulinum *(m)*, Femininum *(f)* und Neutrum *(n)*

Im Kroatischen gibt es keinen Artikel. Sie erkennen das Geschlecht eines Substantivs an der Endung:

1. Männliche Substantive enden in der Regel auf Konsonant, z. B. hotel Hotel.
2. Weibliche Substantive enden auf -a, z. B. stolica Stuhl.
3. Sächliche Substantive enden auf -o oder -e, z. B. vino Wein, more Meer.

Wichtige Ausnahmen: Substantive auf -ost sind weiblich, Substantive auf -ao sind männlich.

Deklination der Substantive

Außer den Fällen Nominativ, Genitiv, Dativ und Akkusativ gibt es im Kroatischen noch den Vokativ, den Lokativ und den Instrumental.

Der Vokativ wird bei der direkten Anrede verwendet. Der Lokativ steht immer in Verbindung mit einer Präposition und antwortet auf die Fragen wo?/worüber? Der Instrumental antwortet auf die Fragen mit wem?/womit?/wodurch?

Bei männlichen Substantiven wird zwischen belebten (student Student) und unbelebten Substantiven (hotel Hotel) unterschieden. Für belebte Substantive gilt: Gen(itiv) = Akk(usativ), für unbelebte Substantive: Nom(inativ) = Akk(usativ).

Singular	männlich		weiblich		sächlich
	belebt Student	unbelebt Hotel	Stuhl	Gefahr	Wein
Nom	student	hotel	stolica	opasnost	vino
Gen	studenta	hotela	stolice	opasnosti	vina
Dat	studentu	hotelu	stolici	opasnosti	vinu
Akk	studenta	hotel	stolicu	opasnost	vino
Vok	studente	hotele	stolico	opasnosti	vino
Lok	studentu	hotelu	stolici	opasnosti	vinu
Instr	studentom	hotelom	stolicom	opasnošću	vinom

Plural	männlich		weiblich		sächlich
	belebt	unbelebt			
Nom/Vok	studenti	hoteli	stolice	opasnosti	vina
Gen	studenata	hotela	stolica	opasnosti	vina
Dat	studentima	hotelima	stolicama	opasnostima	vinima
Akk	studente	hotele	stolice	opasnosti	vina
Lok	studentima	hotelima	stolicama	opasnostima	vinima
Instr	studentima	hotelima	stolicama	opasnostima	vinima

Adjektive und Adverbien

Adjektive

Adjektive richten sich in Geschlecht, Zahl und Fall nach dem Substantiv, zu dem sie gehören.

Männliche Adjektive enden entweder auf Konsonant oder auf -i, weibliche auf -a und sächliche Adjektive auf -o:

dobar hotel   das gute Hotel
dobra voda   das gute Wasser
dobro vino   der gute Wein.

Singular	männlich	weiblich	sächlich
Nom	dobar	dobra	dobro
Gen	dobrog	dobre	dobrog
Dat	dobrom	dobroj	dobrom
Akk	dobrog	dobru	dobro
Vok	dobri	dobra	dobro
Lok	dobrom	dobroj	dobrom
Instr	dobrim	dobrom	dobrim

Plural	männlich	weiblich	sächlich
Nom/Vok	dobri	dobre	dobra
Gen	dobrih	dobrih	dobrih
Dat	dobrim	dobrim	dobrim
Akk	dobre	dobre	dobra
Lok	dobrim	dobrim	dobrim
Instr	dobrim	dobrim	dobrim

Bei Adjektiven, die auf einen weichen Konsonanten enden
(š, ć, đ, j), wird das o in der Endung durch ein e ersetzt:
dobar – dobrog – dobrom gut; aber: loš – lošeg – lošem
schlecht.
In den Wortlisten und im Reisewörterbuch wird nur die
sächliche Form des Adjektivs angegeben. Die übrigen Formen
können Sie anhand der Deklinationsmuster selbst bilden.

Adverbien

Adverbien haben in der Regel die Endung -o (dobro gut).
Die so genannten Sprachenadverbien enden auf -ski
(hrvatski kroatisch). Adverbien beziehen sich immer auf ein
Verb, d. h. sie bezeichnen die Art und Weise, in der eine
Tätigkeit ausgeführt wird.

Dobro govoriš hrvatski. Du sprichst gut Kroatisch.

Pronomen

Personalpronomen

Singular	ich	du	er	es	sie
Nom	ja	ti	on	ono	ona
Gen	mene / me	tebe / te		njega / ga	nje / je
Dat	meni / mi	tebi / ti		njemu / mu	njoj / joj
Akk	mene / me	tebe / te		njega / ga	nju / ju
Lok	meni	tebi		njemu	njoj
Instr	mnom	tobom		njim(e)	njom(e

Plural	wir	ihr	sie
Nom	mi	vi	oni (*m*) ona (*n*) one (*f*)
Gen	nas	vas	njih / ih
Dat	nama / nam	vama / vam	njima / im
Akk	nas	vas	njih / ih
Lok	nama	vama	njima
Instr	nama	vama	njima

Die Langformen werden nur bei besonderer Hervorhebung oder in Verbindung mit Präpositionen verwendet, z. B. **za njega** für ihn, **k njoj** zu ihr.

Possessivpronomen

	Singular			Plural		
	m	f	n	m	f	n
mein(e)	moj	moja	moje	moji	moje	moja
dein(e)	tvoj	tvoja	tvoje	tvoji	tvoje	tvoja
sein(e)	njegov	njegova	njegovo	njegovi	njegove	njegova
ihr(e)	njezin	njezina	njezino	njezini	njezine	njezina
unser(e)	naš	naša	naše	naši	naše	naša
euer(e)	vaš	vaša	vaše	vaši	vaše	vaša
ihr(e)	njihov	njihova	njihovo	njihovi	njihove	njihova

Demonstrativpronomen

Die Demonstrativpronomen ovaj, taj und onaj werden im
Kroatischen danach unterschieden, ob sich etwas oder jemand
näher beim Sprecher (ovaj dieser), näher beim Angesprochenen
(taj der da) oder von beiden Gesprächspartnern entfernt (onaj
jener) befindet.

	Singular			Plural		
	m	f	n	m	f	n
diese(r,-s)	ovaj	ova	ovo	ovi	ove	ova
der, die, das (da)	taj	ta	to	ti	te	ta
jene(r,-s)	onaj	ona	ono	oni	one	ona

Die Demonstrativpronomen werden wie Adjektive mit harter
Endung dekliniert: u ovom hotelu in diesem Hotel, k onim
hotelima zu diesen Hotels.

Präpositionen

Die Präpositionen erfordern im Kroatischen immer einen
bestimmten Fall. Hier die am häufigsten vorkommenden:

Gen	Dat	Akk	Lok	Instr
bez ohne	k zu, nach	kroz durch	na in/auf	nad über
do bis		na auf/nach	pri bei	pod unter
iz aus		nad über	o über/von	pred vor
iza hinter/		pod unter	u in	s mit
nach kod bei				
od von/aus		pred vor		
poslije nach		za für		
prije vor				

Die Präposition k und s verändert sich vor einigen
Konsonantenverbindungen zu ka bzw. sa.

Die Präposition **na** steht auf die Frage wo? immer mit dem Lokativ, auf die Frage wohin? mit dem Akkusativ. Die Präpositionen **nad**, **pod**, **pred** stehen auf die Frage wo? immer mit dem Instrumental, auf die Frage wohin? mit dem Akkusativ.

Verben

Aspekte

Die meisten kroatischen Verben bilden Aspektpaare. Der Aspekt kennzeichnet die Betrachtungsweise, mit der der Sprechende eine Handlung erfasst. Es gibt zwei solcher Betrachtungsweisen:

1. der unvollendeten Aspekt (= uv) bezeichnet eine nicht abgeschlossene Handlung in ihrem Verlauf oder ihrer Dauer ohne zeitliche Begrenzung.
2. der vollendeten Aspekt (= v) kennzeichnet eine Handlung als abgeschlossenes Geschehen im Hinblick auf das Resultat der Handlung oder auf ihre zeitliche Begrenzung.

Für ein deutsches Verb gibt es deshalb im Kroatischen in der Regel zwei Entsprechungen, z. B. für essen:

jesti uv   = essen als allgemeine Handlung oder soeben stattfindender Prozess,

pojesti v   = aufessen mit Blick auf das Ergebnis.

Wenn im Reisewörterbuch beide Aspekte aufgeführt sind, steht der unvollendete an erster Stelle, z. B. **jesti/pojesti** essen.

Präsens

Das Präsens wird nur von unvollendeten Verben gebildet. Der Infinitiv lautet bei den regelmäßigen Verben auf **-ti**. Einige unregelmäßige Verben haben die Infinitivendung **-ći**.

Es gibt vier verschiedene Endungsreihen im Präsens:

Infinitiv	pitati fragen	raditi arbeiten	rasti wachsen	piti trinken
ja	pitam	radim	rastem	pijem
ti	pitaš	radiš	rasteš	piješ
on/ona/ono	pita	radi	raste	pije
mi	pitamo	radimo	rastemo	pijemo
vi	pitate	radite	rastete	pijete
oni/one/ona	pitaju	rade	rastu	piju

Hilfsverben

Infinitiv	biti sein		htjeti wollen	
	Langform	Kurzform	Langform	Kurzform
ja	jesam	sam	hoću	ću
ti	jesi	si	hoćeš	ćeš
on/ona/ono	jest	je	hoće	će
mi	jesmo	smo	hoćemo	ćemo
vi	jeste	ste	hoćete	ćete
oni/one/ona	jesu	su	hoće	će

Am Satzanfang oder wenn das Hilfsverb alleine steht, wird außer in der 3. Person Singular immer die Langform benutzt.

Jesi li ti sama ovdje? Jesam. Bist du alleine hier? Ja, bin ich.

Verneinung

Zur Verneinung wird in der Regel das Wörtchen ne vor das Verb gestellt: Ne pijem pivo. Ich trinke kein Bier.

Bei dem Hilfsverb imati haben (imam, usw.) verschmilzt das Wörtchen ne mit dem Hilfsverb: ne + imati = nemati (nemam)

Anreise & Weiterreise

... die wichtigsten Sätze

Entschuldigung, wo ist ...?

Oprostite, gdje je ...?
opróßtite, gdje je ...?

Wie komme ich nach ...?

Kako ću doći u ...?
káko tchu dótchi u ...?

Ist das die Straße nach ...?

▸*Fragen nach dem Weg,
S. 38*

Je li ovo cesta za ...?
jéli ówo tzéßta sa ...?

Wann fährt der nächste Zug nach ...?

Kada ima slijedeći vlak za ...?
káda íma ßlijédetchi wlak sa ...?

Wann ist er in ...?

Kada je u ...?   káda je u ...?

Muss ich umsteigen?

Da li moram presjedati?
dáli móram preßjédati?

Was kostet eine Fahrkarte nach ...?

▸*Auskunft und Fahrkarten,
S. 28*

Koliko košta wozna karta za ...?
kóliko kóschta wósna kárta sa ...?

Ist dies der Zug nach ...?

Je li ovo vlak za ...?
jéli ówo wlak sa ...?

Ist dieser Platz frei?

Je li ovo mjesto slobodno?
jéli ówo mjéßto ßlóbodno?

Können Sie mir bitte helfen?

▸ Im Zug, S. 31
    Možete li mi, molim vas, pomoći?
    móschete li mi, mólim waß, pómotchi?

Ist dies der Bus nach ...?

    Je li ovo autobus za ...?
    je li ówo áutobuß sa ...?

Sagen Sie mir bitte, wo ich aussteigen muss?

▸ Überlandbus, S. 33
    Recite mi, molim vas, gdje moram sići?
    rétzite mi, mólim waß, gdje móram ßítchi?

Ich möchte ein Auto mieten.

    ♂ Htio / ♀ Htjela bih unajmiti auto.
    ♂ chtío / ♀ chtjéla bich unájmiti áuto.

Wie viel kostet das?
    Koliko to košta?

▸ Vermietung, S. 36
    kóliko to kóschta?

Wo ist die nächste Tankstelle?

    Gdje je najbliža benzinska stanica?
    gdje je nájblischa bénsinßka ßtánitza?

Bitte volltanken.
    Puni tank, molim!

▸ An der Tankstelle, S. 40
    púni tank, mólim!

Können Sie mir Starthilfe geben?

▸ Panne, S. 41
    Možete li mi pomoći upaliti auto?
    móschete li mi pómotchi upáliti áuto?

Wo ist die nächste Werkstatt?

▸ In der Werkstatt, S. 43
    Gdje je najbliža radionica?
    gdje je nájblischa radiónitza?

Einreise

Das könnten Sie hören:

◄ Vašu ..., molim.   Ihren ..., bitte.
  wáschu ..., mólim.

  ... putovnicu   ... Pass
  ... putównitzu

  ... osobnu iskaznicu   ... Personalausweis
  ... óßobnu íßkasnitzu

◄ Vaša putovnica je istekla.
  wáscha putównitza je íßtekla.

                            Ihr Pass ist abgelaufen.

◄ Imate li nešto za cariniti?
  ímate li néschto sa tzáriniti?

                            Haben Sie etwas zu verzollen?

◄ To morate cariniti.   Das müssen Sie verzollen.
  to mórate tzáriniti.

◄ Otvorite, molim, ...   Öffnen Sie bitte den ...
  otwórite, mólim, ...

  ... prtljažnik.   ... Kofferraum.
  ... pŕtljaschnik.

  ... kofer.   ... Koffer.
  ... kófer.

Weitere Wörter

Ausweis	iskaznica	íßkasnitza
EU-Bürger	građanin Evropske unije	
	grádjanin éwropßke únije	
Fahrzeugpapiere	papiri od auta	papíri od áuta
Familienname	prezime	présime
Führerschein	vozačka dozvola	wósatschka dóswola
Grenze	granica	gránitza
gültig	ispravno	íßprawno
Impfpass	potvrda o cijepljenjima	
	pótwrda o tzijépljenjima	
internationaler	internacionalna vozačka dozvola	
Führerschein	ínternatzionalna wósatschka dóswola	
Mehrwertsteuer	PDV	pe-de-we
Nationalitätskenn-zeichen	nacionalna oznaka	nátzionalna ósnaka
Nummer	broj	broj
Papiere	papiri	papíri
Pass	putovnica	putównitza
Personalausweis	osobna iskaznica	óßobna íßkasnitza
Quittung	potvrda	pótwrda
Rechnung	račun	rátschun
Staatsangehörigkeit	državljanstvo	dr̩schawljánßtwo
ungültig	neispravno	néißprawno
Unterschrift	potpis	pótpiß
grüne Versicherungs-karte	zelena karta	sélena kárta
verzollen	cariniti	tzáriniti
Wohnort	mjesto stanovanja	mjéßto ßtanowánja
Zoll	carina	tzárina
Zollerklärung	carinska deklaracija	
	tzárinßka deklarátzija	

Gepäck

Ich möchte mein Gepäck …	♂ Htio / ♀ Htjela bih … prtljagu. ♂ chtío / ♀ chtjéla bich … prtljágu.
… hierlassen.	… ovdje ostaviti … ówdje óßtawiti
… abholen.	… podignuti … pódignuti
Mein Gepäck ist (noch) nicht angekommen.	Moja prtljaga (još) nije stigla. mója prtljága (josch) níje ßtígla.
Wo ist mein Gepäck?	Gdje je moja prtljaga? gdje je mója prtljága?
Mein Koffer ist beschädigt worden.	Moj kofer je oštećen. moj kófer je óschtetchen.
An wen kann ich mich wenden?	Kome se mogu obratiti? kóme ße mógu obrátiti?

Weitere Wörter

aufgeben (Flugzeug)	predati prédati
Gepäck	prtljaga prtljága
Gepäckannahme	prijem prtljage príjem prtljáge
Gepäckaufbewahrung	čuvanje prtljage tschúwanje prtljáge
Gepäckausgabe	izdavanje prtljage isdáwanje prtljáge
Gepäckschein	potvrda za prtljagu pótwrda sa prtljágu
Handgepäck	ručna prtljaga rútschna prtljága
Koffer	kofer kófer
Koffergurt	remen kofera rémen kófera
Reisetasche	putna torba pútna tórba
Rollkoffer	kofer s kotačima kófer ß kotátschima
Rucksack	ruksak rúkßak

Schließfach	**pretinac za zaključavanje**
	prétinatz sa sakljutscháwanje
Seesack	**mornarska vreća** mórnarßka wrétcha
Tasche	**torba** tórba
Übergepäck	**višak prtljage** wíschak prtljáge

Flugzeug

Wo ist der Schalter der Flug-gesellschaft ...?
Gdje je šalter zrakoplovne kompanije ...?
gdje je schálter srákoplowne kompánije ...?

Können Sie mir am Check-in-Automaten helfen?
Možete li mi pomoći na check-in automatu?
móschete li mi pómotchi na tschék-in automátu?

Wann fliegt die nächste Maschine nach ...?
Kada ima slijedeći let za ...?
káda íma ßlijédetchi let sa ...?

Sind noch Plätze frei?
Ima li još slobodnih mjesta?
íma li josch ßlóbodnich mjéßta?

Wie viel kostet ein Flug nach ...?
Koliko košta let za ...?
kóliko kóschta let sa ...?

Bitte ein Flugticket ...
Molim vas, jednu avionsku kartu ...
mólim waß, jédnu awíonßku kártu ...

... einfach.
... u jednom smjeru. ... u jédnom ßmjéru.

... hin und zurück.
... tamo i natrag. ... támo i nátrag.

Bitte ein Flugticket ...	**Molim vas, jednu avionsku kartu ...**
	mólim waß, jédnu awíonßku kártu ...
... Economyclass.	**... u ekonomskom razredu.**
	... u ekónomßkom rásredu.
... Businessclass.	**... u poslovnom razredu.**
	... u póßlownom rásredu.
Ich hätte gern einen ...	♂ **Htio /** ♀ **Htjela bih mjesto ...**
	♂ chtío / ♀ chtjéla bich mjéßto ...
... Fensterplatz.	**... do prozora.** ... do prósora.
... Platz am Gang.	**... uz prolaz.** ... us prólas.
Kann ich das als Handgepäck mitnehmen?	**Mogu li ovo ponijeti kao ručnu prtljagu?**
	mógu li ówo pónijeti káo rútschnu prtljágu?
Kann ich meinen (zusammenklappbaren) Rollstuhl mitnehmen?	**Mogu li ponijeti svoja (sklopiva) invalidska kolica?**
	mógu li pónijeti ßwója (ßklópiwa) inwálidßka kolítza?
Ich möchte meinen Flug ...	♂ **Htio /** ♀ **Htjela bih svoj let ...**
	♂ chtío / ♀ chtjéla bich ßwoj let ...
... rückbestätigen lassen.	**... dati potvrditi.**
	... dáti potwŕditi.
... stornieren.	**... stornirati.** ... ßtórnirati.
... umbuchen.	**... promijeniti rezervaciju.**
	... promijéniti reserwátziju.

Weitere Wörter

Abflug	**odlazak** ódlasak
Ankunft	**dolazak** dólasak
Anschlussflug	**nastavak leta** nášťawak léta
Ausgang	**izlaz** íslas
Bordkarte	**karta za ukrcavanje u zrakoplov** kárta sa ukrtzáwanje u srákoplow
mobile Bordkarte	**mobilna karta za ukrcavanje u zrakoplov** móbilna kárta sa ukrtzáwanje u srákoplow
elektronisches Ticket	**elektronička karta** elektrónitschka kárta
Flughafen	**zračna luka** srátschna lúka
Flughafenbus	**autobus zračne luke** áutobuß srátschne lúke
Flughafengebühr	**pristojba zračne luke** príßtojba srátschne lúke
Flugzeit	**vrijeme letenja** wrijéme létenja
Flugzeug	**zrakoplov** srákoplow
Kindersicherheitsgurt	**sigurnosni pojas za djecu** ßígurnoßni pójaß sa djétzu
Landung	**slijetanje** ßlijétanje
Ortszeit	**mjesno vrijeme** mjéßno wrijéme
Pilot	**pilot** pílot
Rückflug	**povratni let** pówratni lét
Schalter	**šalter** schálter
Spucktüte	**vrećica za povraćanje** wrétchitza sa pówratchanje
Steward	**stjuard** ßtjúard
Stewardess	**stjuardesa** ßtjuardéßa
Ticket	**zrakoplovna karta** srákoplowna kárta
Verspätung	**zakašnjenje** sakaschnjénje
Zwischenlandung	**međuslijetanje** médjußlijetanje

Info

Zwischen den größeren Städten verkehren in regelmäßigen Abständen Schnellzüge(**brzi vlak** brsi wlak) und Eilzüge (**ubrzani vlak** úbrsani wlak). Der Personenzug (**putnički vlak** pútnitschki wlak) hält auch in kleineren Ortschaften und ist demzufolge deutlich länger unterwegs.

Zug

Auskunft und Fahrkarten

Wo finde ich die ...	**Gdje mogu naći ...** gdje mógu nátchi ...
... Gepäckauf-bewahrung?	**... garderobu za prtljagu?** ... garderóbu sa prtljágu?
... Schließfächer?	**... pretince za zaključavanje?** ... prétintze sa sakljutscháwanje?
Wann fährt ein Zug nach ...?	**Kada ima vlak za ...?** káda íma wlak sa ...?
Wann fährt der nächste Zug nach ...?	**Kada ima slijedeći vlak za ...?** káda íma ßlijédetchi wlak sa ...?
Wann ist er in ...?	**Kada je u ...?** káda je u ...?
Muss ich umsteigen?	**Da li moram presjedati?** dáli móram preßjédati?
Von welchem Gleis fährt der Zug nach ...?	**S kojeg kolosijeka polazi vlak za ...?** ß kójeg kólóßijeka pólasi wlak sa ...?
Was kostet eine Fahr-karte nach ...?	**Koliko košta wozna karta za ...?** kóliko kóschta wósna kárta sa ...?

Gibt es eine Ermäßigung für ...?
Da li ima popust za ...?
dáli íma pópußt sa ...?

Bis zu welchem Alter fahren Kinder umsonst?
Do koje starosne dobi je vožnja za djecu besplatna?
do kóje ßtároßne dóbi je wóschnja sa djétzu béßplatna?

Gibt es ein Kinderabteil?
Ima li ovdje kupe za djecu?
íma li ówdje kupé sa djétzu?

Ist dieser Zug zuschlagpflichtig?
Da li je obavezna nadoplata?
dáli je óbawesna nádoplata?

Bitte eine Karte ...
Molim vas, jednu kartu ...
mólim waß, jédnu kártu ...

... einfach.
... u jednom smjeru. ... u jédnom ßmjéru.

... hin und zurück.
... tamo i natrag. ... támo i nátrag.

... erster Klasse.
... u prvom razredu. ... u pŕwom rásredu.

... zweiter Klasse.
... u drugom razredu. ... u drúgom rásredu.

... für Kinder.
... za djecu. ... sa djétzu.

Bitte zwei Karten nach ...
Molim vas, dvije karte za ...
mólim waß, dwíje kárte sa ...

Eine Tagesrückfahrkarte nach ..., bitte.
Molim vas, jednodnevnu povratnu kartu za ...
mólim waß, jédnodnewnu pówratnu kártu sa ...

Bitte eine Platzkarte für den Zug um ... Uhr nach ...
Molim vas, jedno mjesto za vlak u ... sati za ...
mólim waß, jédno mjéßto sa wlak u ... ßáti sa ...

Ich hätte gerne einen Platz ...	♂ Htio / ♀ Htjela bih mjesto ... ♂ chtío / ♀ chtjéla bich mjéßto ...
... am Fenster.	... uz prozor. ... us prósor.
... am Gang.	... uz prolaz. ... us prólas.
... im Abteil.	... u kupeu. ... u kupéu.
... im Großraum-wagen.	... u vagonu bez odjeljaka. ... u wagónu bes ódjeljaka.
Gibt es im Zug etwas zu essen und zu trinken?	Ima li u vlaku nešto za jesti i piti? íma li u wláku néschto sa jéßti i píti?
Ich möchte mein Fahrrad mitnehmen.	♂ Htio / ♀ Htjela bih ponijeti svoj bicikl. ♂ chtío / ♀ chtjéla bich pónijeti ßwoj bitzíkl.

Auf dem Bahnhof

Čekaonica	Wartesaal
Čuvanje prtljage	Gepäckaufbewahrung
Informacije	Auskunft
Izlaz	Ausgang
K peronima	Zu den Bahnsteigen
Kolodvorski restoran	Bahnhofsgaststätte
Kolosijek	Gleis
Nepitka voda	Kein Trinkwasser
Pitka voda	Trinkwasser
Pretinci za zaključavanje	Schließfächer
Prijem prtljage	Gepäckannahme
Toaleti	Toiletten
Tuševi	Duschen
Umivaonice	Waschräume

Im Zug

Ist dies der Zug nach ...?	**Je li ovo vlak za ...?** jéli ówo wlak sa ...?
Könnten Sie mir bitte beim ... helfen?	**Možete li mi, molim vas, pomoći pri ...** móschete li mi, mólim waß, pómotchi pri ...
... Einsteigen	**... ulasku?** ... úlaßku?
... Aussteigen	**... izlasku?** ... íslaßku?
Ist dieser Platz frei?	**Je li ovo mjesto slobodno?** jéli ówo mjéßto ßlóbodno?
Entschuldigen Sie, das ist mein Platz.	**Oprostite, to je moje mjesto.** opróßtite, to je mója mjéßto.
Können Sie mir bitte helfen?	**Možete li mi, molim vas, pomoći?** móschete li mi, mólim waß, pómotchi?
Wie lange haben wir Aufenthalt?	**Koliko dugo stojimo ovdje?** kóliko dúgo ßtójimo ówdje?
Darf ich das Fenster ...	**Smijem li ... prozor?** ßmíjem li ... prósor?
... öffnen?	**... otvoriti** ... ótworiti
... schließen?	**... zatvoriti** ... sátworiti
Wie viele Stationen sind es noch bis ...?	**Koliko stanica ima još do ...?** kóliko ßtánitza íma josch do ...?
Erreiche ich den Zug nach ... noch?	**Hoću li još stići na vlak za ...?** chótchu li josch ßtítchi na wlak sa ...?

Weitere Wörter

Abfahrt .... **odlazak** ódlasak

Abteil .... **odjeljak** ódjeljak

ankommen .... **stići** ßtítchi

Ankunft .... **dolazak** dólasak

Anschluss .... **veza** wésa

Ausgang .... **izlaz** íslas

aussteigen .... **sići** ßítchi

Bahnhof .... **kolodvor** kólodwor

Bahnsteig .... **peron** péron

besetzt .... **zauzeto** sáuseto

einsteigen .... **ući** útchi

Fahrplan .... **red vožnje** red wóschnje

Fahrpreis .... **vozna cijena** wósna tzijéna

Fensterplatz .... **mjesto do prozora** mjéßto do prósora

Gepäckwagen .... **kolica za prtljagu** kolítza sa prtljágu

Gleis .... **kolosijek** kóloßijek

Klasse .... **razred** rásred

Liegewagen .... **kušet-kola** kúschet-kóla

Platz .... **mjesto** mjéßto

reserviert .... **rezervirano** resérwirano

Schaffner .... **kondukter** kondúkter

Schlafwagen .... **spavaća kola** ßpáwatcha kóla

Schließfächer .... **pretinci za zaključavanje**
                        prétintzi sa sakljutscháwanje

Speisewagen .... **vagon-restoran** wágon-reßtóran

umsteigen .... **presjedati** preßjédati

Waggon .... **vagon** wágon

Zuschlag .... **nadoplata** nádoplata

Überlandbus

Von wo fahren die Überlandbusse nach ... ab?
Odakle polaze autobusi za ...?
ódakle pólase áutobußi sa ...?

Wie komme ich zum Busbahnhof?
Kako ću doći do autobusnog kolodvora?
káko tchu dótchi do áutobußnog kólodwora?

Wann fährt der nächste Bus nach ...?
Kada polazi sljedeći autobus za ...?
káda pólasi ßljédetchi autóbuß sa ...?

Bitte eine Karte nach ...
Molim vas, kartu za ...
mólim waß, kártu sa ...

Bitte zwei Karten nach ...
Molim vas, dvije karte za ...
mólim waß, dwíje kárte sa ...

Ist dies der Bus nach ...?
Je li ovo autobus za ...?
je li ówo áutobuß sa ...?

Wie lange haben wir Aufenthalt?
Koliko dugo stojimo?
kóliko dúgo ßtójimo?

Wie lange dauert die Fahrt?
Koliko dugo traje vožnja?
kóliko dúgo tráje wóschnja?

Ist ... die Endhaltestelle?
Je li ... posljednja stanica?
jéli ... pößljednja ßtánitza?

Sagen Sie mir bitte, wo ich aussteigen muss?
Recite mi, molim vas, gdje moram sići?
rétzite mi, mólim waß, gdje móram ßítchi?

Schiff

| Wann geht das nächste Schiff nach …? | Kada polazi sljedeći brod za …? |
| | káda pólasi ßljédetchi bród sa …? |

| Wann geht die nächste Fähre nach …? | Kada polazi sljedeći trajekt za …? |
| | káda pólasi ßljédetchi trájekt sa …? |

| Wie lange dauert die Überfahrt nach …? | Koliko dugo traje prijevoz do …? |
| | kóliko dúgo tráje prijéwos do …? |

| Wann legen wir in … an? | Kada pristajemo u …? |
| | káda príßtajemo u …? |

| Wann müssen wir an Bord sein? | Kada moramo biti na brodu? |
| | káda móramo bíti na bródu? |

| Ich möchte mein Auto mitnehmen. | ♂ Htio / ♀ Htjela bih prevesti i auto. |
| | ♂ chtío / ♀ chtjéla bich préweßti i áuto. |

| Bitte eine Schiffskarte erster Klasse nach … | Molim vas, jednu brodsku kartu prvog razreda za … |
| | mólim waß, jédnu bródßku kártu pŕwog rásreda sa … |

| Bitte eine Schiffskarte Touristenklasse nach … | Molim vas, jednu brodsku kartu turističkog razreda za … |
| | mólim waß, jédnu bródßku kártu turíßtitschkog rásreda sa … |

| Eine Karte für die Rundfahrt um … Uhr bitte. | Molim vas, jednu kartu za kružnu vožnju u … sati. |
| | mólim waß, jédnu kártu sa krúschnu wóschnju u … ßáti. |

Ich möchte ...   ♂ **Htio** / ♀ **Htjela bih ...**
                         ♂ chtío / ♀ chtjéla bich ...

... eine Einzelkabine.   ... **jednokrevetnu kabinu.**
                         ... jédnokréwetnu kabínu.

... eine Zweibett-   ... **dvokrevetnu kabinu.**
kabine.   ... dwókrewetnu kabínu.

... eine Außenkabine.   ... **vanjsku kabinu.** ... wánjßku kabínu.

... eine Innenkabine.   ... **nutarnju kabinu.**
                         ... nútarnju kabínu.

An welcher Anlege-   **Gdje je usidrena ...?**
stelle liegt die ...?   gdje je úßidrena ...?

Ich suche die Kabine   **Tražim kabinu broj ...**
Nummer ...   tráschim kabínu broj ...

Kann ich eine andere   **Mogu li dobiti drugu kabinu?**
Kabine bekommen?   mógu li dóbiti drúgu kabínu?

Haben Sie ein Mittel   **Imate li sredstvo protiv morske bolesti?**
gegen Seekrankheit?   ímate li ßrédßtwo prótiw mórßke bóleßti?

Weitere Wörter

Anlegestelle	**pristanište** príßtanischte
Autofähre	**trajekt** trájekt
Deck	**paluba** páluba
Kapitän	**kapetan** kapétan
Klimaanlage	**klima-uređaj** klíma-úredjaj
Kreuzfahrt	**krstarenje** krßtárenje
Küste	**obala** óbala
Landausflug	**izlet na kopno** íslet na kópno
Liegestuhl	**ležaljka** léschaljka
Luftkissenboot	**lebdjelica** lébdjelitza

Meer	**more** móre
Rettungsboot	**čamac za spasavanje** tschámatz sa ßpaßáwanje
Rettungsring	**pojas za spasavanje** pójaß sa ßpaßáwanje
Rundfahrt	**kružna vožnja** krúschna wóschnja
Schiff	**brod** brod
Schiffsagentur	**brodska agencija** bródßka agéntzija
Schiffsarzt	**brodski liječnik** bródßki lijétschnik
Schwimmweste	**prsluk za spašavanje** pŕßluk sa ßpascháwanje
Seegang	**uzburkano more** úsburkano móre
Sonnendeck	**terasa za sunčanje** teráßa sa ßúntschanje
Speisesaal	**blagovaonica** blagowaónitza
Steward	**stjuard** ßtjúard
Tragflächenboot	**jahta** jáchta
Überfahrt	**prijevoz** prijéwos
Vierbettkabine	**četverokrevetna kabina** tschétwerokréwetna kabína

Auto & Motorrad

Vermietung

Ich möchte ... mieten.	♂ **Htio** / ♀ **Htjela bih unajmiti ...** ♂ chtío / ♀ chtjéla bich unájmiti ...
... ein Auto (mit Automatik)	... **auto (s automatikom).** ... áuto (ßautomátikom).
... einen Geländewagen	... **terenska kola.** ... térenßka kóla.
... ein Motorrad	... **motocikl.** ... mototzíkl.
... ein Wohnmobil	... **auto-karavan.** ... áuto-karáwan.

Das könnten Sie hören:

◀ **Mogu li vidjeti vašu (međunarodnu) vozačku dozvolu?**
mógu li wídjeti wáschu (medjunárodnu) wósatschku dóswolu?

Könnte ich bitte Ihren (internationalen) Führerschein sehen?

Ich hätte gern einen Wagen mit Navi.	♂ **Željeo** / ♀ **Željela bih auto navigaciju.** ♂ Schéljeo / ♀ Schéljela bih áuto nawigátziju.
Ich möchte es für ... mieten.	♂ **Htio** / ♀ **Htjela bih ga iznajmiti za ...** ♂ chtío / ♀ chtjéla bich ga isnájmiti sa ...
... morgen	... **sutra.** ... ßútra.
... einen Tag	... **jedan dan.** ... jédan dan.
... zwei Tage	... **dva dana.** ... dwa dána.
... eine Woche	... **tjedan dana.** ... tjédan dána.
Wie viel kostet das?	**Koliko to košta?** kóliko to kóschta?
Wie viele Kilometer sind im Preis enthalten?	**Koliko kilometara je uključeno u cijenu?** kóliko kílometara je úkljutscheno u tzijénu?
Was muss ich tanken?	**Koje gorivo troši?** kóje góriwo tróschi?
Ist eine Vollkaskoversicherung eingeschlossen?	**Je li uključeno i puno kasko osiguranje?** jéli úkljutscheno i púno kaßko oßiguránje?

fo

Außer Führerschein und Kfz-Papieren benötigen Sie in Kroatien eine grüne Versicherungskarte (**zelena karta** sélena kárta).

Kann ich das Auto auch in ... abgeben?	**Mogu li auto predati i u ...?** mógu li áuto prédati i u ...?
Bis wann muss ich zurück sein?	**Do kada se moram vratiti?** do káda ße móram wrátiti?
Haben Sie einen Kinderautositz?	**Imate li sjedalicu za dijete?** ímate li ßjédalitzu sa dijéte?
Bitte geben Sie mir einen Sturzhelm.	**Molim vas, dajte mi kacigu.** mólim waß, dájte mi kátzigu.
Haben Sie eine Straßenkarte?	**Imate li auto kartu?** ímate li áuto kártu?

Fragen nach dem Weg

Entschuldigung, wo ist ...?	**Oprostite, gdje je ...?** opróßtite, gdje je ...?
Wie komme ich nach ...?	**Kako ću doći u ...?** káko tchu dótchi u ...?
Wie komme ich zu ...?	**Kako ću doći do ...?** 'káko tchu dótchi do ...?
Können Sie mir das auf der Karte zeigen?	**Možete li mi to pokazati na karti?** móschete li mi to pokásati na kárti?
Wie viele Minuten sind es mit dem Auto?	**Koliko je to minuta autom?** kóliko je to minúta áutom?
Wie weit ist es?	**Koliko je to daleko?** kóliko je to dáleko?
Ist das die Straße nach ...?	**Je li ovo cesta za ...?** jéli ówo tzéßta sa ...?

Wie komme ich zur Autobahn nach ...?	**Kako ću doći na autoput za ...?** káko tchu dótchi na áutoput sa ...?

Das könnten Sie hören:

▪**Žao mi je, to ne znam.**
s̯cháo mi je, to nésnam.

Tut mir leid, das weiß ich nicht.

▪**Prva ulica ...**
pŕwa úlitza ...

Die erste Straße ...

... lijevo. ... lijéwo.   ... links.

... desno. ... déßno.   ... rechts.

▪**Druga ulica ...**
drúga úlitza ...

Die zweite Straße ...

... lijevo. ... lijéwo.   ... links.

... desno. ... déßno.   ... rechts.

▪**Na slijedećem semaforu ...**
na ßlijédetchem ßémaforu ...

An der nächsten Ampel ...

▪**Na slijedećem križanju ...**
na ßlijédetchem krísc̯hanju ...

An der nächsten Kreuzung ...
▸*Orts- und Richtungsangaben, S. 115*

▪**Onda još jednom pitajte.**
ónda josch jédnom pítajte.

Dann fragen Sie noch einmal.

Info

Die Tankstellen in Kroatien sind täglich von sieben bis 20 Uhr im Sommer bis 22 Uhr geöffnet. In größeren Städten und an internationalen Hauptstraßen gibt es einen Bereitschaftsdienst, der rund um die Uhr geöffnet hat.

An der Tankstelle

Wo ist die nächste Tankstelle?	**Gdje je najbliža benzinska stanica?** gdje je nájblischa bénsinßka ßtánitza?
Wie weit ist es zur nächsten Tankstelle?	**Koliko je udaljena slijedeća benzinska stanica?** kóliko je údaljena slijédetcha bénsinßka ßtánitza?
Bitte volltanken.	**Puni tank, molim!** púni tank, mólim!
Bitte für ... Kuna ...	**Molim vas, za ... kuna ...** mólim waß, sa ... kúna ...
... Benzin bleifrei.	**... bezolovni benzin.** ... bésolowni bénsin
... Super bleifrei.	**... bezolovni super.** ... bésolowni ßúper.
... Diesel.	**... dizel.** ... dísel.
... Zweitaktmischung.	**... mješavinu za dvotaktni motor.** ... mjéschawinu sa dwótaktni mótor.
Ich möchte ... Öl.	**♂ Htio / ♀ Htjela bih ... ulja.** ♂ chtío / ♀ chtjéla bich ... úlja.
... 1 Liter	**... jednu litru** ... jédnu lítru
... 2 Liter	**... dvije litre** ... dwíje lítre
Bitte einen Ölwechsel.	**Molim vas, promijenite ulje.** mólim waß, promijénite úlje.

Panne

Ich habe kein Benzin mehr.
Nemam više benzina.
némam wísche bensína.

Ich habe eine Reifenpanne.
Pukla mi je guma. púkla mi je gúma.

Ich habe eine Motorpanne.
Imam kvar na motoru.
ímam kwar na motóru.

Können Sie mir Starthilfe geben?
Možete li mi pomoći upaliti auto?
móschete li mi pómotschi upáliti áuto?

Können Sie ...
Možete li ... móschete li ...

... mich ein Stück mitnehmen?
... me povesti dio puta?
... me pówesti dío púta?

... meinen Wagen abschleppen?
... odvući moja kola?
... ódwutchi mója kóla?

... mir einen Abschleppwagen schicken?
... mi poslati vučna kola?
... mi póßlati wútschna kóla?

Können Sie mir bitte ... leihen?
Možete li mi, molim vas, posuditi ...?
móschete li mi, mólim waß, poßúditi ...?

Werkzeug und Flickzeug

Draht	**žica**	schítza
Kabel	**kabel**	kábel
Kreuzschlüssel	**križasti ključ**	
	kríschaßti kljutsch	
Schmirgelpapier	**brusni papir**	brúßni pápir
Schraube	**vijak**	wíjak
Schraubenschlüssel	**ključ za vijke**	kljutsch sa wíjke

Schraubenzieher	**odvijač**	odwíjatsch
Trichter	**lijevak**	lijéwak
Wagenheber	**dizalica**	dísalitza
Werkzeug	**alat**	álat
Zange	**kliješta**	klijéschta

Unfall

Rufen Sie bitte schnell …	**Molim vas, hitno pozovite …** mólim waß, chítno posówite …
… einen Kranken- wagen!	**… kola hitne pomoći!** … kóla chítne pómotchi!
… die Polizei!	**… policiju!** … polítziju!
… die Feuerwehr!	**… vatrogasnu službu!** … wátrogaßnu ßlúschbu!
Es ist ein Unfall passiert!	**Dogodila se nesreća!** dogódila ße néßretcha!
… Personen sind (schwer) verletzt.	**… osoba je (teško) ozlijeđeno.** … óßoba je (téschko) óslijedjeno.
Bitte helfen Sie mir.	**Molim vas, pomozite mi.** mólim was, pomósite mi.
Ich brauche Ver- bandszeug.	**Treba mi pribor za previjanje.** tréba mi príbor sa prewíjanje.
Es ist nicht meine Schuld.	**To nije moja krivica.** to níje mója kriwítza.
Ich möchte, dass wir die Polizei holen.	**Hoću da pozovemo policiju.** chótchu da póßowemo polítziju.
Ich hatte Vorfahrt.	♂ **Imao / ♀ Imala sam prednost.** ♂ ímao / ♀ ímala ßam prédnoßt.

Sie sind zu dicht aufgefahren.	**Vozili ste bez propisanog odstojanja.** wósili ßte bes própißanog odßtojánja.
Sie sind zu schnell gefahren.	**Vozili ste prebrzo.** wósili ßte prébrso.
Bitte geben Sie mir Ihre Versicherung und Ihre Versicherungsnummer.	**Molim vas, ime vašeg osiguravajućeg društva i broj osiguranja.** mólim waß, íme wáscheg oßiguráwajutcheg drúschtwa i broj oßiguránja.
Bitte geben Sie mir Ihren Namen und Ihre Adresse.	**Molim vas, vaše ime i adresu.** mólim waß, wásche íme i adréßu.
Können Sie eine Zeugenaussage machen?	**Možete li posvjedočiti?** móschete li poßwjédotschiti?

In der Werkstatt

Wo ist die nächste Werkstatt?	**Gdje je najbliža radionica?** gdje je nájblischa radiónitza?
Mein Wagen steht (an der Straße nach) …	**Moja se kola nalaze (na cesti prema) …** mója ße kóla nálase (na tzéßti préma) …
Können Sie ihn abschleppen?	**Možete li ga odvući?** móschete li ga ódwutchi?
Können Sie mal nachsehen?	**Možete li pogledati?** móschete li pógledati?
Mein Auto springt nicht an.	**Moj auto neće upaliti.** moj áuto nétche upáliti.

Die Batterie ist leer.   **Akumulator je prazan.**
akumúlator je prásan.

Der Motor klingt   **Motor čudno zvuči.**
merkwürdig.   mótor tschúdno swútschi.

Der Motor zieht   **Motor nema snage.**
nicht.   mótor néma ßnáge.

Die Bremse funktio-   **Kočnica ne radi.**
niert nicht.   kótschnitza ne rádi.

Der Blinker funktio-   **Žmigavac ne radi.**
niert nicht.   schmígawatz ne rádi.

... funktioniert nicht.   **... ne radi.** ne rádi.

Kann ich mit dem   **Mogu li se još voziti s tim autom?**
Auto noch fahren?   mógu li ße josch wósiti ßtim áutom?

Machen Sie bitte nur   **Popravite, molim vas, samo najnužnije.**
die nötigsten Repara-   póprawite, mólim waß, ßámo
turen.   najnúschnije.

Wie viel wird die   **Koliko će popravak približno koštati?**
Reparatur ungefähr   kóliko tche póprawak príblischno
kosten?   kóschtati?

Wann ist es fertig?   **Kada će biti gotov?**
káda tche bíti gótow?

Nehmen Sie Schecks   **Da li prihvaćate čekove ... osiguranja?**
vom ... -Schutzbrief?   dáli príchwatchate tschékowe ...
oßiguránja?

Weitere Wörter

Abschleppseil — uže za odvlačenje
úsche sa odwlátschenje

Abschleppwagen — kola za odvlačenje
kóla sa odwlátschenje

Achse — osovina oßówina

Anlasser — starter ßtárter

Auffahrunfall — nesreća od naleta drugog vozila
odostraga
néßretcha od náleta drúgog wósila
odóßtraga

Auspuff — ispuh íßpuch

auswechseln — zamijeniti samijéniti

Auto — auto áuto

Autobahn — auto-cesta áuto-tzéßta

Autobahnauffahrt — ulaz na autocestu úlas na áutotzéßtu

Autoschlüssel — ključ od auta kljutsch od áuta

Batterie — akumulator ákumulator

Benzinkanister — kanister za benzin kaníßter sa bénsin

Blinklicht — pokazivač smjera pokasíwatsch ßmjéra

Bremse — kočnica kótschnitza

Bremsflüssigkeit — tekućina za kočnice
tekútchina sa kótschnitze

Bremslicht — štop-svjetla schtop-ßwjétla

Dichtung — brtvilo bŕtwilo

Ersatzreifen — rezervna guma réserwna gúma

Ersatzteil — rezervni dio réserwni dío

fahren — voziti (se) wósiti (ße)

Feuerlöscher — aparat za gašenje apárat sa gáschenje

Frostschutzmittel — antifriz ántifris

Führerschein — vozačka dozvola wósatschka dóswola

Gang — brzina brsína

Gepäckträger	nosač za prtljagu nóßatsch sa prtljágu
Getriebe	mjenjač mjénjatsch
Glühbirne	žarulja schárulja
grüne Versicherungskarte	zelena karta osiguranja sélena kárta oßiguránja
Handbremse	ručna kočnica rútschna kótschnitza
Heizung	grijanje gríjanje
Helm	kaciga kátziga
Hupe	truba trúba
kaputt	pokvareno pókwareno
Katalysator	katalizator katalísator
Keilriemen	klinasti remen klínaßti rémen
Kfz-Schein	saobraćajna dozvola ßáobratchajna dóswola
Kilometer	kilometar kílometar
Kindersitz	dječje sjedalo djétschje ßjédalo
Klimaanlage	klima-uređaj klíma-úredjaj
Kotflügel	blatobran blátobran
Kühler	hladnjak chládnjak
Kühlwasser	voda za hlađenje wóda sa chládjenje
Kupplung	kvačilo kwátschilo
Kurve	zavoj sáwoj
Lack	lak lak
Landstraße	cesta tzéßta
Leerlauf	prazni hod prásni chod
Lenkung	upravljač upráwljatsch
Licht	svjetlo ßwjétlo
Lichtmaschine	dinamo dínamo
Luftfilter	zračni filter srátschni fílter
Maut	cestarina tzeßtárina
Mautstelle	naplatna postaja za cestarinu náplatna póßtaja sa tzeßtárinu
Motor	motor mótor
Motorhaube	hauba cháuba

Motoröl	**ulje za motor** úlje sa mótor
Motorrad	**motocikl** mototzíkl
Ölwechsel	**promjena ulja** prómjena úlja
parken	**parkirati** párkirati
Parkhaus	**javna garaža** jáwna garáscha
Parkplatz	**parkiralište** parkíralischte
Parkscheibe	**pokazivač vremena parkiranja** pokasíwatsch wrémena parkíranja
Parkuhr	**sat za parkiranje** ßat sa parkíranje
Parkverbot	**zabrana parkiranja** sábrana parkíranja
Rad	**kotač** kótatsch
Raststätte	**odmaralište** odmáralischte
Reifen	**guma** gúma
Reifendruck	**tlak u gumi** tlak u gúmi
Reparatur	**popravak** póprawak
reparieren	**popraviti** póprawiti
Reservereifen	**rezervna guma** réserwna gúma
Rücklicht	**stražnje svjetlo** ßtráschnje ßwjétlo
Rückspiegel	**retrovizor** retrowísor
Schalter	**šalter** schálter
Scheibenwischer	**brisači stakla** brißátschi ßtákla
Scheibenwischer-	**metlice brisača stakla**
blätter	métlitze brißátscha ßtákla
Scheinwerfer	**far** far
Schneeketten	**lanci za snijeg** lántzi sa ßníjég
Schutzbrief	**zaštitno pismo** sáschtitno píßmo
Sicherheitsgurt	**sigurnosni pojas** ßígurnoßni pójaß
Sicherung	**osigurač** oßigúratsch
Spiegel	**ogledalo** oglédalo
Starter	**starter** ßtárter
Starthilfekabel	**pomoćni kabel za startanje** pómotchni kábel sa ßtártanje
Stoßdämpfer	**amortizer** amortíser
Stoßstange	**odbojnik** ódbojnik

Tachometer	**tahometar**	táchometar
Tankstelle	**benzinska pumpa**	bénsinßka púmpa
Unfall	**nesreća**	néßretcha
Unfallprotokoll	**zapisnik na mjestu nesreće**	
	sápißnik na mjéßtu néßretche	
Ventil	**ventil**	wéntil
Verbandskasten	**priručna apoteka**	prírutschna apotéka
Vergaser	**rasplinjač**	raßplínjatsch
Vorfahrt	**prednost**	prédnoßt
Warndreieck	**upozorni trokut**	úposorni)trókut
Werkstatt	**radionica**	radiónitza
Wohnmobil	**auto-karavan**	áuto-karáwan
Zeuge	**svjedok**	ßwjédok
Zündkabel	**kabel za paljenje**	kábel sa páljenje
Zündkerze	**svjećica**	ßwjétchitza
Zündung	**paljenje**	páljenje
Zusammenstoß	**sudar**	ßúdar

Erste Kontakte

... die wichtigsten Sätze

Guten Morgen!	**Dobro jutro!**	dóbro jútro!
Guten Tag!	**Dobar dan!**	dóbar dan!
Guten Abend!	**Dobra večer!**	dóbra wétscher!
Hallo!	**Zdravo!**	sdráwo!
Tschüs!	**Bok!**	bok!
Wie geht's?	**Kako je?**	káko je?
Danke, gut. ▸ *Sich begrüßen, S. 53*	**Hvala, dobro.** chwála, dóbro.	
Wie heißen Sie?	**Kako se zovete?**	káko ße sówete?
Ich heiße ...	**Zovem se ...**	sówem ße ...

Treffen wir uns heute Abend?
Vidimo li se večeras?
wídimo li ße wetschéraß?

Wollen wir heute Abend zusammen essen?
Hoćemo li danas zajedno večerati?
chótchemo li dánaß sájedno wétscherat

Sehen wir uns noch einmal?
Da li se opet vidimo?
dáli ße ópet wídimo?

Sehr gerne.	**Vrlo rado.**	wŕlo rádo.
Vielleicht.	**Možda.**	móschda.

Es tut mir leid, aber ich kann nicht.

▸ *Sich kennenlernen, S. 54* **Žao mi je, ali ne mogu.**
scháo mi je, áli némogu.

Sprechen Sie Deutsch?

Govorite li njemački?
góworite li njématschki?

Sprechen Sie bitte etwas langsamer.

Molim vas, govorite malo sporije?
mólim waß, gowórite málo ßpórije?

Haben Sie verstanden?

Da li ste razumjeli? dáli ßte rasúmjeli?

Ich habe das nicht verstanden.

▸ *Sich verständigen, S. 52* **To nisam ♂ razumio / ♀ razumjela.**
to níßam ♂ rasúmio / ♀ rasúmjela.

Vielen Dank. **Puno hvala.** púno chwála.

Bitte, ... **Molim, ...** mólim, ...

Danke, gerne. **Hvala, rado.** chwála, rádo.

Entschuldigen Sie! **Oprostite!** opróßtite!

Können Sie mir bitte helfen?

Možete li mi, molim vas, pomoći?
móschete li mi, mólim waß, pómotchi?

Wie schade! **Kakva šteta!** kákwa schtéta!

Das gefällt mir. **To mi se sviđa.** to mi ße ßwídja.

Das gefällt mir nicht. **To mi se ne sviđa.**

▸ *Höfliche Wendungen,*
S. 59 to mi ße néßwidja.

Sich verständigen

Sprechen Sie Deutsch?	**Govorite li njemački?** góworite li njématschki?
Spricht hier jemand ...	**Ima li nekoga tko govori ...** íma li nékoga tko gówori ...
... Deutsch?	**... njemački?** ... njématschki?
... Englisch?	**... engleski?** ... éngleßki?
Haben Sie verstanden?	**Da li ste razumjeli?** dáli ßte rasúmjeli?
Ich habe verstanden.	**♂ Razumio / ♀ Razumjela sam.** ♂ rasúmio / ♀ rasúmjela ßam.
Ich habe das nicht verstanden.	**To nisam ♂ razumio / ♀ razumjela.** to níßam ♂ rasúmio / ♀ rasúmjela.
Sprechen Sie bitte etwas langsamer.	**Molim vas, govorite malo sporije?** mólim waß, góworite málo ßpórije?
Könnten Sie das bitte wiederholen?	**Možete li, molim vas, to ponoviti?** móschete li, mólim waß, to ponówiti?
Wie heißt das auf Kroatisch?	**Kako se to kaže na hrvatskom?** káko ße to kásche na chŕwatßkom?
Was bedeutet ...?	**Što znači ...?** schto snátschi ...?
Könnten Sie es mir bitte aufschreiben?	**Možete li mi to, molim vas, napisati?** móschete li mi to, mólim waß, napíßati?

Sich begrüßen

Guten Morgen!	**Dobro jutro!** dóbro jútro!
Guten Tag!	**Dobar dan!** dóbar dan!
Guten Abend!	**Dobra večer!** dóbra wétscher!
Gute Nacht!	**Laku noć!** láku notch!
Hallo!	**Zdravo!** sdráwo!
Wie geht es Ihnen | dir?	**Kako ste | si?** káko ßte | ßi?
Wie geht's?	**Kako je?** káko je?
Danke, gut. Und Ihnen | dir?	**Hvala, dobro. A vi | ti?** chwála, dóbro. a wí | tí?
Schönen Tag noch!	**Ugodan dan!** úgodan dan!
Es tut mir leid, aber ich muss jetzt gehen.	**Žao mi je, ali sada moram ići.** scháo mi je, áli ßáda móram ítchi.
Auf Wiedersehen!	**Do viđenja!** dowidjénja!

fo

Mit **Dobro jutro!** dóbro jútro! (Guten Morgen) grüßen Sie bis gegen 12 Uhr, danach sagen Sie bis circa 18 Uhr **Dobar dan!** dóbar dan! (Guten Tag!). Am Abend verwenden Sie **Dobra večer!** dóbra wétscher! (Guten Abend!) und später in der Nacht verabschieden Sie sich mit **Laku noć!** láku notch! (Gute Nacht!). Bei der Begrüßung küsst man Frauen auf beide Wangen – links und rechts (auf keinen Fall drei Mal). Männer werden mit Handschlag begrüßt.

Tschüs!	**Bok!** bok!
Bis bald!	**Do uskoro!** do úßkoro!
Bis morgen!	**Do sutra!** do ßútra!
Schön, <u>Sie</u> | <u>dich</u> kennengelernt zu haben.	**Drago mi je da sam <u>vas</u> | <u>te</u> ♂ upoznao / ♀ upoznala.**
	drágo mi je da ßam waß | te ♂ upóßnao / ♀ upóßnala.
Vielen Dank für den ...	**Puno hvala na ...** púno chwála na ...
... netten Abend.	**... ugodnoj večeri.** ... úgodnoj wétscheri.
... netten Tag.	**... ugodnom danu.** ... úgodnom dánu.
Gute Reise!	**Sretan put!** ßrétan put!

Sich kennenlernen

Sich bekannt machen

Wie <u>heißen Sie</u> | <u>heißt</u> du?	**Kako se <u>zovete</u> | <u>zoveš</u>?**
	káko ße <u>ßówete</u> | <u>ßówesch</u>?
Ich heiße ...	**Zovem se ...** sówem ße ...
Darf ich Ihnen ... vorstellen?	**Dopustite mi da vas upoznam s ...**
	dopúßtite mi da waß úposnam ß ...
... meinen Mann	**... mojim suprugom.** ... mójim ßúprugom.
... meine Frau	**... mojom suprugom.** ... mójom ßúprugom
... meinen Freund	**... mojim prijateljem.** ... mójim prijateljem.
... meine Freundin	**... mojom prijateljicom.**
	... mójom prijatéljitzom.

Woher kommen Sie | kommst du?

Odakle ste | si? ódakle ßte | ßi?

Ich komme aus ...

Ja sam iz ... jáßam is ...

... Deutschland.

... Njemačke. ... njématschke.

... Österreich.

... Austrije. ... áußtrije.

... der Schweiz.

... Švicarske. ... schwítzarßke.

Wie alt sind Sie | bist du?

Koliko imate | imaš godina?
kóliko ímate | ímasch gódina?

Ich bin ... Jahre alt.

Imam ... godina. ímam ... gódina.

Sind Sie verheiratet?

Da li ste ♂ oženjeni / ♀ udati?
dáli ßte ♂ óschenjeni / ♀ údati?

Bist du verheiratet?

Da li si ♂ oženjen / ♀ udata?
dáli ßi ♂ óschenjen / ♀ údata?

Ich bin ...

Ja sam ... ja ßam ...

... ledig.

... ♂ slobodan / ♀ slobodna.
... ♂ ßlóbodan / ♀ ßlóbodna.

... verheiratet.

... ♂ oženjen / ♀ udata.
... ♂ óschenjen / ♀ údata.

... geschieden.

... ♂ rastavljen / ♀ rastavljena.
... ♂ ráßtawljen / ♀ ráßtawljena.

Ich lebe getrennt.

Živim odvojeno. schíwim ódwojeno.

Haben Sie | Hast du Kinder?

Imate | Imaš li djece?
ímate | ímasch li djétze?

Was machen Sie | machst du beruflich?

Što ste | si po zanimanju?
schto ßte | ßi po sanímanju?

Ich bin ...   Ja sam ... ja ßam ...

Ich gehe noch zur   Još idem u školu. josch ídem u schkólu.
Schule.

Sich verabreden

Treffen wir uns ...   Vidimo li se ... wídimo li ße ...

... heute Abend?   ... večeras? ... wetschéraß?

... morgen?   ... sutra? ... ßútra?

Wir könnten etwas   Možemo zajedno nešto poduzeti, ako
zusammen machen,   hoćete | hoćeš?
wenn Sie möchten | móschemo sájedno néschto póduseti, ákc
du möchtest.   chótchete | chótchesch?

Wollen wir heute   Hoćemo li danas zajedno večerati?
Abend zusammen   chótchemo li dánaß sájedno wétscherati?
essen?

Ich möchte Sie | dich   ♂ Htio / ♀ Htjela bih vas | te pozvati.
einladen.   ♂ chtío / ♀ chtjéla bih waß | te póswati.

Möchten Sie | Želite | Želiš li ići na ples?
Möchtest du tanzen   schélite | schélisch li ítchi na pleß?
gehen?

Wann treffen wir   Kada se nađemo? káda ße nádjemo?
uns?

Wo treffen wir uns?   Gdje se nađemo? gdje ße nádjemo?

Treffen wir uns doch   Možemo se naći u ... sati.
um ... Uhr.   móschemo ße nátchi u ... ßáti.

Ich hole Sie | dich um   Dođem po vas | tebe u ... sati.
... Uhr ab.   dódjem po waß | tébe u ... ßáti.

In Ordnung.	**U redu.** u rédu.
Wie ist Ihre Handy-nummer?	**Koji je vaš broj mobitela?** kóji je wasch broj móbitela?
Wie ist Ihre E-Mail-Adresse?	**Koja je vaša e-mail adresa?** kója je wáscha ímeil adréßa?
Ich bringe Sie | dich nach Hause.	**Otpratit ću vas | te kući.** ótpratit tchu waß | te kútchi.
Sehen wir uns noch einmal?	**Da li se opet vidimo?** dáli ße ópet wídimo?
Sehr gerne.	**Vrlo rado.** wŕlo rádo.
Ich weiß noch nicht.	**Još ne znam.** josch néßnam.
Vielleicht.	**Možda.** móschda.
Es tut mir leid, aber ich kann nicht.	**Žao mi je, ali ne mogu.** scháo mi je, áli némogu.
Ich habe schon etwas vor.	**Već imam nešto u planu.** wetch ímam néschto u plánu.

Flirten

Bist du alleine hier?	**Jesi li tu ♂ sam / ♀ sama?** jéßi li tu ♂ ßam / ♀ ßáma?
Darf ich mich zu Ihnen | dir setzen?	**Smijem li se sjesti k vama | tebi?** ßmíjem li ße ßjéßti k wáma | tébi?
Sehr gerne.	**Vrlo rado.** wŕlo rádo.
Ich warte auf jemanden.	**Čekam nekoga.** tschékam nékoga.

Ich bin mit ... hier.	Ovdje sam s ... ówdje ßam ß ...
Lassen Sie mich in Ruhe!	Ostavite me na miru! óßtawite me na míru!
Verschwinde!	Gubi se! gúbiße!
Hast du ...	Imaš li ... ímasch li ...
... einen Freund?	... dečka? ... détschka?
... eine Freundin?	... djevojku? ... djéwojku?
Du bist wunderschön.	Ti si ♂ prekrasan / ♀ prekrasna. ti ßi ♂ prékraßan / ♀ prékraßna.
Du hast wunderschöne Haare.	Imaš prekrasnu kosu. ímasch prékraßnu kóßu.
Du hast wunderschöne Augen.	Imaš prekrasne oči. ímasch prékraßne ótschi.
Du gefällst mir sehr.	Jako mi se sviđaš. jáko mi ße ßwídjasch.
Ich bin gerne mit dir zusammen.	Volim biti s tobom. wólim bíti ßtóbom.
Kommst du mit zu mir?	Ideš li k meni? ídesch li kméni?
Ich mag dich.	♂ Drag / ♀ Draga si mi. ♂ drag / ♀ drága ßi mi.
Ich liebe dich.	Volim te. wólimte.
Ich möchte mit dir schlafen.	♂ Htio / ♀ Htjela bih s tobom spavati. ♂ chtío / ♀ chtjéla bich ß tóbom ßpáwati
Aber nur mit Kondom.	Ali samo s prezervativom. ali ßámo ß preserwatíwom.

Wann sehen wir uns wieder?	**Kada ćemo se ponovo vidjeti?** káda tchémo ße pónowo wídjeti?

Höfliche Wendungen

Sehr gut!	**Vrlo dobro!** wŕlo dóbro!
Großartig!	**Odlično!** ódlitschno!
Es ist sehr schön hier.	**Ovdje je vrlo lijepo.** ówdje je wŕlo lijépo.
Das gefällt mir.	**To mi se sviđa.** to mi ße ßwídja.
Ich bin sehr zufrieden!	**Vrlo sam ♂ zadovoljan / ♀ zadovoljna!** wŕlo ßam ♂ sádowoljan / ♀ sádowoljna!
Sehr gerne.	**Vrlo rado.** wŕlo rádo.
Das ist mir egal.	**Svejedno mi je.** ßwéjedno mi je.
Wie schade!	**Kakva šteta!** kákwa schtéta!
Ich würde lieber ...	**Radije bih ...** rádije bich ...
Das gefällt mir nicht.	**To mi se ne sviđa.** to mi ße néßwidja.
Das möchte ich lieber nicht.	**To radije neću.** to rádije nétchu.
Auf keinen Fall.	**Ni u kom slučaju.** ni u kom ßlútschaju.
Das ist sehr ärgerlich.	**To je vrlo nezgodno.** to je wŕlo nésgodno.
Vielen Dank.	**Puno hvala.** púno chwála.
Darf ich?	**Smijem li?** ßmíjem li?
Bitte, ...	**Molim, ...** mólim, ...

Danke, gerne.	**Hvala, rado.** chwála, rádo.
Nein, danke.	**Ne, hvala.** ne, chwála.
Danke, gleichfalls!	**Hvala, također!** chwála, takódjer!
Können Sie mir bitte helfen?	**Možete li mi, molim vas, pomoći?** móschete li mi, mólim waß, pómotchi?
Vielen Dank, das ist sehr nett von Ihnen.	**Puno hvala, to je vrlo ljubazno od vas.** púno chwála, to je wŕlo ljúbasno od waß.
Vielen Dank für Ihre ...	**Puno hvala na ...** púno chwála na ...
... Mühe.	**... vašem trudu.** ... wáschem trúdu.
... Hilfe.	**... vašoj pomoći.** ... wáschoj pómotchi.
Gern geschehen.	**Rado.** rádo.
Keine Ursache.	**Nema na čemu.** néma na tschému.
Entschuldigen Sie!	**Oprostite!** opróßtite!
Tut mir leid, dass ich mich verspätet habe.	**Žao mi je što sam ♂ zakasnio / ♀ zakasnila.** scháo mi je schto ßam ♂ sákaßnio / ♀ sákaßnila.
Das tut mir leid.	**Žao mi je.** scháo mi je.
Macht nichts!	**Nema veze!** néma wése!
Das ist mir sehr unangenehm.	**To mi je vrlo neugodno.** to mi je wŕlo néugodno.
Das war ein Missverständnis.	**To je bio nesporazum.** to je bío néßporasum.

Weitere Wörter

Adresse	**adresa** adréßa
allein	♂ **sam** / ♀ **sama** ♂ ßam / ♀ ßáma
Beruf	**zanimanje** sanímanje
bitte	**molim** mólim
Bruder	**brat** brat
danke	**hvala** chwála
einladen	**pozvati** póswati
erfreut	**obradovan** óbradowan
essen gehen	**ići jesti** ítchi jéßti
Foto	**slika** ßlíka
Frau *(Anrede)*	**gospođo** góßpodjo
Frau *(Ehefrau)*	**supruga** ßúpruga
Freund *(allg.)*	**prijatelj** príjatelj
Freund *(Partner)*	**partner** pártner
Freundin *(allg.)*	**prijateljica** prijatéljitza
Freundin *(Partnerin)*	**partnerica** pártneritza
Geschwister	**braća i sestre** brátcha i ßéßtre
heißen	**zvati se** swáti ße
ich heiße	**zovem se** sówem ße
Herr *(Anrede)*	**gospodine** goßpódine
Junge	**dječak** djétschak
kennenlernen	**upoznati** upósnati
Kind	**dijete** dijéte
kommen aus	**biti iz** bíti is
Kondom	**prezervativ** preserwatíw
Land	**zemlja** sémlja
langsam	**sporo** ßpóro
Mädchen	**djevojka** djéwojka
Mann *(Ehemann)*	**suprug** ßúprug
mögen	**voljeti** wóljeti
Mutter	**majka** májka

Schule	**škola**	schkóla
Schwester	**sestra**	ßéßtra
Sohn	**sin**	ßin
sprechen	**govoriti**	govóriti
Stadt	**grad**	grad
Student	**student**	ßtúdent
Studentin	**studentica**	ßtúdentitza
studieren	**studirati**	ßtudírati
tanzen gehen	**ići na ples**	ítchi na pleß
Tochter	**kći**	ktchi
sich treffen	**sresti se**	ßréßti ße
Urlaub	**godišnji odmor**	gódischnji ódmor
Vater	**otac**	ótatz
verheiratet	♂ **oženjen** / ♀ **udata**	
	♂ ós̱chenjen / ♀ údata	
verlobt	♂ **zaručen** / ♀ **zaručena**	
	♂ sarútschen / ♀ sarútschena	
Verlobte	**zaručnica**	sárutschnitza
Verlobter	**zaručnik**	sárutschnik
sich verabreden	**dogovoriti se**	dogóworiti ße
verstehen	**razumjeti**	rasúmjeti
warten	**čekati**	tschékati
wenig	**malo**	málo
wiederholen	**ponoviti**	ponówiti
wiederkommen	**ponovo doći**	pónowo dótchi
wiedersehen	**ponovo vidjeti**	pónowo wídjeti

Übernachten

... die wichtigsten Sätze

Haben Sie ein Doppelzimmer frei?
Imate li slobodnu dvokrevetnu sobu?
ímate li ßlóbodnu dwókrewetnu ßóbu?

Wie viel kostet es? **Koliko košta?** kóliko kóschta?

Gibt es WLAN auf den Zimmern?
Imaju li sobe WLAN?
ímaju li ßóbe wélan?

Gibt es hier eine Internet-Ecke?
Ima li ovdje Internet PC za goste?
íma li ówdje ínternet pi si sa góßte?

Kann ich mir das Zimmer ansehen?
Mogu li pogledati sobu?
mógu li pógledati ßóbu?

Es ist sehr schön. Ich nehme es.
Vrlo je lijepa. Uzet ću je.
wŕlo je lijépa. úset tchu je.

Wo können wir das Auto abstellen?
Gdje možemo ostaviti auto?
gdje móschemo óßtawiti áuto?

Wann gibt es Frühstück?
Kada je doručak?
káda je dórutschak?

Bitte den Schlüssel für Zimmer ...
Molim vas, ključ od sobe ...
mólim waß, kljutsch od ßóbe ...

Wecken Sie mich bitte (morgen) um ... Uhr.

Molim vas, probudite me (sutra)
u ... sati.

mólim waß, probúdite me (ßútra)
u ... ßáti.

Machen Sie bitte die Rechnung fertig.

Molim vas, pripremite račun.

mólim waß, priprémite rátschun.

Es war sehr schön hier.
▸ *Hotel, S. 66*

Bilo je vrlo lijepo ovdje.

bílo je wŕlo lijépo ówdje.

Wir haben die Wohnung ... gemietet.

Unajmili smo stan ...

unájmili ßmo ßtan ...

Wo bekommen wir die Schlüssel?

Gdje možemo dobiti ključeve?

gdje móschemo dóbiti kljútschewe?

Wir brauchen noch Geschirrtücher.
▸ *Ferienwohnung, S. 71*

Trebali bismo još krpe za suđe.

trébali bíßmo josch kŕpe sa ßúdje.

Wo können wir unser Zelt aufstellen?

Gdje možemo postaviti šator?

gdje móschemo póßtawiti schátor?

Wo sind die Waschräume?

Gdje su umivaonice?

gdje ßu umiwaónitze?

Gibt es hier Stromanschluss?
▸ *Camping, S. 73*

Ima li ovdje priključak za struju?

íma li ówdje príkljutschak sa ßtrúju?

Info

Entlang der Küste und auf den kroatischen Inseln finden Sie neben Hotels aller Kategorien auch familienfreundliche Appartmenthäuser, Pensionen (pansion panßión) und natürlich Campingplätze. Privatunterkünfte werden von den örtlichen Fremdenverkehrsbüros vermittelt. Ein Schild Sobe oder Apartman an Häusern weist auf freie Zimmer hin. Trekkingurlauber finden einfache Unterkünfte in Berg- und Schutzhütten (sklonište ßklónischte) oder in ländlichen Haushalten.

Hotel

Ankunft

Haben Sie ein Einzelzimmer frei?	Imate li slobodnu jednokrevetnu sobu? ímate li ßlóbodnu jédnokrewetnu ßóbu?
Haben Sie ein Doppelzimmer frei …	Imate li slobodnu dvokrevetnu sobu … ímate li ßlóbodnu dwókrewetnu ßóbu …
… für eine Nacht?	… za jednu noć? … sa jédnu notch?
… für … Nächte?	… za … noći? … sa … nótchi?
… mit Bad?	… s kupaonicom? … ß kupaónitzom?
… mit Dusche?	… s tušem? … ß túschem?
… mit Balkon?	… s balkonom? … ß balkónom?
… mit Klimaanlage?	… s klimom? … ß klímom?
… mit Ventilator?	… s ventilatorom? … ß wentilátorom?
… mit Blick aufs Meer?	… s pogledom na more? … ß pógledom na móre?
… nach hinten hinaus?	… prema natrag? … préma nátrag?

Das könnten Sie hören:

Nažalost smo popunjeni.
náschaloßt ßmo pópunjeni.

> Wir sind leider ausgebucht.

Sutra će biti slobodna jedna soba.
ßútra tche bíti ßlóbodna jédna ßóba.

> Morgen wird ein Zimmer frei.

... će biti slobodna jedna soba.
... tche bíti ßlóbodna jédna ßóba.

> Am ... wird ein Zimmer frei.

Ich habe ein Zimmer reserviert auf den Namen ...	♂ **Rezervirao / ♀ Rezervirala sam sobu na ime ...** ♂ reserwírao / ♀ reserwírala ßam ßóbu na íme ...
Wie viel kostet es ...	**Koliko košta ...** kóliko kóschta ...
... mit Frühstück?	**... s doručkom?** ... s dórutschkom?
... ohne Frühstück?	**... bez doručka?** ... bes dórutschka?
... mit Halbpension?	**... s polupansionom?** ... ß pólupanßíonom?
... mit Vollpension?	**... s punim pansionom?** ... ß púnim panßíonom?
Gibt es für ... Nächte eine Ermäßigung?	**Ima li popust, za ... noći?** íma li pópußt, sa ... nótchi?
Gibt es WLAN auf den Zimmern?	**Imaju li sobe WLAN?** ímaju li ßóbe wélan?
Gibt es hier eine Internet-Ecke?	**Ima li ovdje Internet PC za goste?** íma li ówdje ínternet pi si sa góßte?

Brauche ich ein Passwort?
Trebam li lozinku?
trébam li lósinku?

Kann ich mir das Zimmer ansehen?
Mogu li pogledati sobu?
mógu li pógledati ßóbu?

Haben Sie noch ein anderes Zimmer?
Imate li još koju drugu sobu?
ímate li josch kóju drúgu ßóbu?

Es ist sehr schön. Ich nehme es.
Vrlo je lijepa. Uzet ću je.
wŕlo je lijépa. úset tchu je.

Könnten Sie ein zusätzliches Bett aufstellen?
Možete li postaviti još jedan dodatni krevet?
móschete li póßtawiti josch jédan dódat kréwet?

Könnten Sie ein Kinderbett aufstellen?
Možete li postaviti dječji krevet?
móschete li póßtawiti djétschji kréwet?

Können Sie mein Gepäck aufs Zimmer bringen?
Možete li mi donijeti prtljagu u sobu?
móschete li mi dónijeti prtljágu u ßóbu?

Wo ist das Bad?
Gdje je kupaonica?
gdje je kupaónitza?

Wo kann ich meinen Wagen abstellen?
Gdje mogu ostaviti auto?
gdje mógu óßtawiti áuto?

Wann gibt es Frühstück?
Kada je doručak? káda je dórutschak?

Wo ist der ...
Gdje je ... gdje je ...

... Speisesaal?
... blagovaonica? ... blagowaónitza?

... Frühstücksraum?
... sala za doručak? ... ßála sa dórutschak

Haben Sie ein Hotel-kärtchen für mich?	**Imate li za mene hotelsku karticu?**
	ímate li sa méne chótelßku kártitzu?

Service

Bitte den Schlüssel für Zimmer ...	**Molim vas, ključ od sobe ...**
	mólim waß, kljutsch od ßóbe ...
Ist eine Nachricht für mich da?	**Ima li poruka za mene?**
	íma li póruka sa méne?
Kann ich Ihnen meine Wertsachen zur Auf-bewahrung geben?	**Mogu li vam ostaviti na čuvanje moje vrijednosne predmete?**
	mógu li wam óßtawiti na tschúwanje mója wrijédnoßne prédmete?
Ich möchte meine Wertsachen abholen.	**♂ Htio / ♀ Htjela bih podići svoje vrijednosne predmete.**
	♂ chtío / ♀ chtjéla bich póditchi ßwóje wrijédnoßne prédmete.
Gibt es eine Kinder-betreuung?	**Ima li čuvanje djece?**
	íma li tschúwanje djétze?
Kann ich bitte noch ... haben?	**Mogu li dobiti još ..., molim?**
	mógu li dóbiti josch ..., mólim?
... eine Decke	**... jedan pokrivač** ... jédan pokríwatsch
... ein Handtuch	**... jedan ručnik** ... jédan rútschnik
... ein paar Kleider-bügel	**... par vješalica**
	... par wjéschalitza
... ein Kopfkissen	**... jedan jastuk** ... jédan jáßtuk
Meine Tür lässt sich nicht abschließen.	**Moja vrata se ne daju zaključati.**
	mója wráta ße nédaju sákljutschati.

Das Fenster geht nicht ...	**Prozor se ne da ...** prósor ße néda ...
... auf.	**... otvoriti.** ... ótvoriti.
... zu.	**... zatvoriti.** ... sátvoriti.
Es kommt kein (warmes) Wasser.	**Nema (tople) vode.** néma (tóple) wóde.
Der Wasserhahn tropft.	**Pipa kaplje.** pípa káplje.
Der Abfluss ist verstopft.	**Odvod je začepljen.** ódvod je sátschepljen.
Die Toilette ist verstopft.	**Zahod je začepljen.** sáchod je sátschepljen.
... funktioniert nicht.	**... ne radi.** ... néradi.
... ist schmutzig.	**... je prljav.** ... je pŕljaw.
Ich habe mich aus meinem Zimmer ausgesperrt.	♂ **Zaboravio /** ♀ **Zaboravila sam ključ u svojoj sobi.** ♂ sabórawio / ♀ sabórawila ßam kljúts‹ u ßwójoj ßóbi.

Abreise

Wecken Sie mich bitte (morgen) um ... Uhr.	**Molim vas, probudite me (sutra) u ... sat** mólim waß, probúdite me (ßútra) u ... ßá‹
Wir reisen morgen ab.	**Sutra odlazimo.** ßútra ódlasimo.
Machen Sie bitte die Rechnung fertig.	**Molim vas, pripremite račun.** mólim waß, priprémite rátschun.

Es war sehr schön hier.	**Bilo je vrlo lijepo ovdje.** bílo je wŕlo lijépo ówdje.
Bis wann muss man auschecken?	**Do kada se mora izići iz sobe?** do káda ße móra ísitchi is ßóbe?
Kann ich später auschecken?	**Mogu li kasnije izići iz sobe?** mógu li káßnije ísitchi is ßóbe?
Kann ich mein Gepäck noch bis ... Uhr hierlassen?	**Mogu li ostaviti svoju prtljagu ovdje još do ... sati?** mógu li óßtawiti ßwóju prtljágu ówdje josch do ... ßáti?
Rufen Sie bitte ein Taxi.	**Molim vas, pozovite taksi.** mólim waß, posówite tákßi.

Ferienwohnung

Wir haben die Wohnung ... gemietet.	**Unajmili smo stan ...** unájmili ßmo ßtan ...

Das könnten Sie hören:

Mogu li dobiti vaš bon? mógu li dóbiti wasch bon?	
	Dürfte ich bitte Ihren Gutschein haben?
Wo bekommen wir die Schlüssel?	**Gdje možemo dobiti ključeve?** gdje móschemo dóbiti kljútschewe?
Wo können wir das Auto abstellen?	**Gdje možemo ostaviti auto?** gdje móschemo óßtawiti áuto?
Wie ist hier die Netzspannung?	**Kakva je ovdje mreža?** kákwa je ówdje mréscha?

Info

Beachten Sie, dass Campen nur auf den vorgesehenen Plätze
oder mit Erlaubnis des Grundstückseigentümers erlaubt ist.
Wenn Sie außerhalb der eingerichteten Campingplätze zelte
möchten, benötigen Sie eine Genehmigung der lokalen
Verwaltung.

Wir brauchen noch …	**Trebali bismo još …** trébali bíßmo josch …
… Bettwäsche.	**… posteljine.** … poßteljíne.
… Geschirrtücher.	**… krpe za suđe.** … kŕpe sa ßúdje.
Wo ist der Siche- rungskasten?	**Gdje je kutija s osiguračima?** gdje je kútija ß oßigurátschima?
Erklären Sie uns bitte, wie … funktioniert?	**Možete li nam objasniti kako radi …** móschete li nam objáßniti káko rádi …
… die Spülmaschine	**… perilica za suđe?** … périlitza sa ßúdje?
… der Herd	**… štednjak?** … schtédnjak?
… die Wasch- maschine	**… stroj za pranje rublja?** … ßtroj sa pránje rúblja?
Wohin kommt der Müll?	**Kamo se baca smeće?** kámo ße bátza ßmétche?
Wo ist …	**Gdje je …** gdje je …
… die nächste Bus- haltestelle?	**… najbliža autobusna stanica?** … nájblischa áutobußna ßtánitza?
… ein Lebensmittel- geschäft?	**… trgovina prehrambenih artikala?** … trgówina préchrambenich artíkala?
… eine Bäckerei?	**… pekarnica?** … pékarnitza?

Camping

Dürfen wir auf Ihrem Grundstück zelten?
Smijemo li kampirati na vašem zemljištu?
ßmíjemo li kampírati na wáschem sémljischtu?

Wo können wir unser Zelt aufstellen?
Gdje možemo postaviti šator?
gdje móschemo póßtawiti schátor?

Haben Sie noch Platz für ...?
Imate li još mjesta za ...?
ímate li josch mjéßta sa ...?

Wie hoch ist die Gebühr für ...
Kolika je pristojba za ...
kólika je príßtojba sa ...

... zwei Erwachsene und ... Kinder?
... ... odraslih i ... djece?
... ... ódraßlich i ... djétze?

... einen Pkw mit Wohnwagen?
... jedno osobno vozilo s kamp-kućicom?
... jédno óßobno wóßilo ß kamp-kútchitzom?

... ein Wohnmobil?
... jedan auto-karavan?
... jédan áuto-kárawan?

... ein Zelt?
... jedan šator? ... jédan schátor?

Vermieten Sie auch ...
Iznajmljujete li i ... isnájmljujete li i ...

... Bungalows?
... bungalove? ... búngalowe?

... Wohnwagen?
... kamp-kućice? ... kamp-kútchitze?

Wir möchten einen Tag bleiben.
Htjeli bismo ostati jedan dan.
chtjéli bißmo óßtati jédan dan.

Wir möchten ... Tage bleiben.
Htjeli bismo ostati ... dana.
chtjéli bißmo óßtati ... dána.

Gibt es hier Stromanschluss?
Ima li ovdje priključak za struju?
íma li ówdje príkljutschak sa ßtrúju?

73

Wo sind die ...	**Gdje su ...** gdje ßu ...
... Waschräume?	**... umivaonice?** ... umiwaónitze?
... Toiletten?	**... toaleti?** ... toaléti?
Wo kann ich das Chemieklo entsorgen?	**Gdje mogu zbrinuti kemijski WC?** gdje mógu sbrínuti kémijßki we tze?
Kann ich hier Gasflaschen ...	**Mogu li ovdje ... plinske boce?** mógu li ówdje ... plínßke bótze?
... kaufen?	**... kupiti** ... kúpiti
... umtauschen?	**... zamijeniti** ... samijéniti

Weitere Wörter

Abfluss *(im Bad)*	**odvod** ódwod
abreisen	**otputovati** otpútowati
Adapter	**adapter** adápter
Anmeldung	**prijava** príjawa
Anzahlung	**kapara** kápara
Appartement	**apartman** apártman
Aschenbecher	**pepeljara** pepéljara
Aufenthaltsraum	**prostorija za boravak** proßtórija sa bórawak
Aufzug	**lift** lift
Badewanne	**kada** káda
Beanstandung	**prituzba** prítuſchba
Besen	**metla** métla
Bett	**krevet** kréwet
Bettdecke	**pokrivač** pokríwatsch
Bettlaken	**plahta** pláchta
Bettwäsche	**posteljina** poßteljína
bügeln	**peglati** péglati

Bungalow	**bungalov** búngalow
Camping	**kampiranje** kampíranje
Campingplatz	**kamp** kamp
Decke	**deka** déka
Doppelbett	**dupli krevet** dúpli kréwet
Dusche	**tuš** tusch
Einzelbett	**krevet za jednu osobu** kréwet sa jédnu óßobu
Empfang	**prijem** príjem
Endreinigung	**završno čišćenje** sáwrschno tschíschtchenje
Etage	**kat** kat
Etagenbetten	**kreveti na kat** kréweti na kat
Fenster	**prozor** prósor
Ferienhaus	**kuća za odmor** kútcha sa ódmor
Ferienwohnung	**stan za odmor** ßtan sa ódmor
Fernseher	**televizor** telewísor
Foyer	**foaje** foajé
Frühstücksbüfett	**doručak sa švedskim stolom** dórutschak ßa schwédßkim ßtólom
Frühstücksraum	**sala za doručak** ßála sa dórutschak
Gaskartusche	**plinska kartuša** plínßka kartúscha
Gaskocher	**plinsko kuhalo** plínßko kúchalo
Geschirr	**posuđe** póßudje
Geschirrtuch	**krpa za suđe** kŕpa sa ßúdsche
Glas	**čaša** tscháscha
Glühbirne	**žarulja** s̲chárulja
Hammer	**čekić** tschékitch
Handtuch	**ručnik** rútschnik
Hauptsaison	**glavna sezona** gláwna ßesóna
Hausverwaltung	**uprava kuće** úprawa kútche
Heizung	**grijanje** gríjanje
Herd	**štednjak** schtédnjak
Hering	**haringa** cháringa

Hotel	hotel chótel
Hotelkärtchen	hotelska kartica chótelßka kártitza
Internetanschluss	internet priključak
	ínternét príkljutschak
Isomatte	izolir podloga isolír pódloga
Jugendherberge	hostel (za mladež)
	chóßtel (sa mládesch)
Jugendherbergs-	iskaznica za hostel
ausweis	íßkasnitza sa chóßtel
Kaffeemaschine	aparat za filter kavu
	apárat sa fílter káwu
Kamin	kamin kámin
Kaminholz	drva za kamin dŕwa sa kámin
kaputt	pokvaren pókwaren
Kaution	kaucija káutzija
Kinderbett	dječji krevet djétschji kréwet
Kleiderbügel	vješalica wjéschalitza
Klimaanlage	klima klíma
Kocher	kuhalo kúchalo
Kopfkissen	jastuk jáßtuk
Kühlschrank	hladnjak chládnjak
Lampe	lampa lámpa
Leihgebühr	cijena najma tzijéna nájma
Licht	svjetlo ßwjétlo
Luftmatratze	zračni madrac srátschni mádratz
Matratze	madrac mádratz
Miete	najamnina najamnína
mieten	unajmiti unájmiti
Moskitonetz	zaštitna mreža protiv komaraca
	sáschtitna mréscha prótiw komáratza
Moskitospirale	spirala protiv komaraca
	ßpirála prótiw komáratza
Mülleimer	kanta za smeće kánta sa ßmétche
Nachsaison	podsezona pódßesona

Netzspannung	električni napon eléktritschni nápon
Notausgang	izlaz za nuždu íslas sa núschdu
Putzmittel	sredstvo za čišćenje
	ßrédßtwo sa tschíschtchenje
Rechnung	račun rátschun
reservieren	rezervirati resérwirati
reserviert	rezervirano resérwirano
Rezeption	recepcija retzéptzija
Safe	sef ßef
Schlafsaal	spavaonica ßpawaónitza
Schlafsack	vreća za spavanje
	wrétcha sa ßpáwanje
Schlüssel	ključ kljutsch
schmutzig	zmazano smásano
Schrank	ormar órmar
Sessel	naslonjač naßlónjatsch
Sicherung	osigurač oßigúratsch
Spiegel	ogledalo oglédalo
Spülung	voda u WC-u wóda u we tzéu
Steckdose	utičnica útitschnitza
Stecker	utikač utíkatsch
Stuhl	stolac ßtólatz
Swimmingpool	bazen básen
Telefon	telefon teléfon
Terrasse	terasa teráßa
Tisch	stol ßtol
Toilette	toalet toalét
Toilettenpapier	toaletni papir toalétni pápir
Trinkwasser	pitka voda pítka wóda
Ventilator	ventilator wentilátor
Verlängerungskabel	produžni kabel próduschni kábel
Verlängerungswoche	produženi tjedan prodúscheni tjédan
Voranmeldung	prijava u naprijed príjawa únaprijed
Vorsaison	predsezona predßesóna

Waschbecken	**umivaonik** umiwaónik
waschen	**prati** práti
Wäschetrockner	**stroj za sušenje rublja**
	ßtroj sa ßúschenje rúblja
Waschmaschine	**stroj za pranje rublja**
	ßtroj sa pránje rúblja
Waschmittel	**deterdžent** detérdschent
Waschraum	**umivaonica** umiwaónitza
Wasser	**voda** wóda
Wasserhahn	**pipa** pípa
Wohnmobil	**auto-karavan** áuto-kárawan
Wohnwagen	**kamp-kućica** kamp-kútchitza
Zelt	**šator** schátor
zelten	**kampirati** kampírati
Zimmer	**soba** ßóba

Essen & Trinken

... die wichtigsten Sätze

Einen Tisch für ... Personen bitte.
Stol za ... osoba, molim.
ßtol sa ... óßoba, mólim.

Ist dieser Tisch noch frei?
Da li je ovaj stol još slobodan?
dáli je ówaj ßtol josch ßlóbodan?

Ist dieser Platz noch frei?
Da li je ovo mjesto još slobodno?
dáli je ówo mjéßto josch ßlóbodno?

Entschuldigung, wo sind die Toiletten?
› Restaurantsuche, S. 98
Oprostite, gdje su tu toaleti?
opróßtite, gdje je ßu tu toaléti?

Die Karte bitte. **Jelovnik, molim.** jélownik, mólim.

Ich möchte nur etwas trinken.
♂ Htio / ♀ Htjela bih samo nešto popit
♂ chtío / ♀ chtjéla bich ßámo néschto
pópiti.

Gibt es jetzt noch etwas zu essen?
Može li se još dobiti nešto za pojesti?
mósche li ße josch dóbiti néschto sa
pójeßti?

Was empfehlen Sie mir?
Što biste mi preporučili?
schto bíßte mi preporútschili?

Ich möchte noch etwas Brot.

Molim vas još malo kruha.
mólim waß josch málo krúcha.

Bitte bringen Sie mir noch ...
▸ *Bestellen, S. 99*

Molim vas donesite mi još ...
mólim wa, donéßite mi josch ...

Guten Appetit! **Dobar tek!** dóbar tek!

Danke, gleichfalls! **Hvala, također!** chwála, takódjer!

Zum Wohl! **Živjeli!** s̹híwjeli!

Was ist das? **Što je ovo?** schto je ówo?

Danke, ich bin satt. **Hvala, ♂ sit / ♀ sita sam.**
chwála, ♂ ßit / ♀ ßíta ßam.

Danke für die Einladung.

Hvala na pozivu.
chwála na pósiwu.

Es war ausgezeichnet.
▸ *Gemeinsam essen, S. 104*

Bilo je izvrsno.
bílo je íswrßno.

Hier fehlt noch ...
▸ *Reklamieren, S. 105*

Ovdje nedostaje još ...
ówdje nedóßtaje josch ...

Die Rechnung bitte! **Račun molim!**
rátschun mólim!

Es stimmt so. **U redu je.**
▸ *Bezahlen, S. 106* u rédu je.

Doručak
Frühstück

croissant kroaßán	Croissant
čaj tschaj	Tee
jaje jáje	Ei
jaje na oko jáje na óko	Spiegelei
jogurt jógurt	Joghurt
kajgana kájgana	Rührei
kakao kakáo	Kakao
kava káwa	Kaffee
kava s mlijekom káwa ßmlijékom	Kaffee mit Milch, Milchkaffee
kruh kruch	Brot
meko kuhano jaje méko kúchano jáje	weich gekochtes Ei
misli míßli	Müsli
mlijeko mlijéko	Milch
omlet ómlet	Omelett
pecivo pétziwo	Brötchen
pekmez pékmes	Marmelade
putar pútar	Butter
salama ßaláma	Wurst
sir ßir	Käse
sok od naranđe ßok od nárandje	Orangensaft

svježi kravlji sir	Quark
ßwjéschi kráwlji ßir	
toast toßt	Toast
tvrdo kuhano jaje	hart gekochtes Ei
twŕdo kúchano jáje	
voda wóda	Wasser

Juhe i variva
Suppen und Eintöpfe

goveđa juha	Rindfleischbrühe
gówedja júcha	
gulaš juha gúlasc júcha	Gulaschsuppe
juha od krumpira	Kartoffelsuppe
júcha od krumpíra	
juha od povrća	Gemüsesuppe
júcha od pówrtcha	
juha od rajčica	Tomatensuppe
júcha od rájtschitza	
kokošja juha	Hühnerbrühe
kókoschja júcha	
krepka juha krépka júcha	Kraftbrühe
mesna juha méßna júcha	Fleischbrühe
riblja juha ríblja júcha	Fischsuppe
varivo od graha	Bohneneintopf
wáriwo od grácha	

Salate
Salate

miješana salata .... gemischter Salat
mijéschana ßaláta

salata od krastavaca .... Gurkensalat
ßaláta od kráßtawatza

salata od krumpira .... Kartoffelsalat
ßaláta od krumpíra

salata od rajčica .... Tomatensalat
ßaláta od rájtschitza

zelena salata .... grüner Salat
sélena ßaláta

Hladna predjela
Kalte Vorspeisen

dalmatinski pršut .... dalmatinischer (roher)
dalmátinßki pŕschut   Schinken

hladetina chládetina .... Sülze

hladni naresci .... kalter Aufschnitt
chládni náreßtzi

hladni pladanj .... kalte Platte
chládni pládanj

hrenovke chrénowke .... Würstchen

kobasice kobáßitze .... Würstchen

kuhana šunka kúchana schúnka	gekochter Schinken
pečenice petschénitze	Bratwürste
punjene paprike púnjene páprike	gefüllte Paprikaschoten
salama ßaláma	Dauerwurst
tlačenica tlátschenitza	Presssack

Topla predjela
Warme Vorspeisen

omlet sa sirom ómlet ßa ßírom	Omelett mit Käse
omlet sa šunkom ómlet ßa schúnkom	Omelett mit Schinken
šunka s jajima schúnka ßjájima	Schinken mit Ei
zagorski štrukli ságorßki schtrúkli	gekochte Teigtaschen mit Quarkfüllung

Jela s mesom
Fleischgerichte

bečki odrezak bétschki ódresak	Wiener Schnitzel
biftek s jajima bíftek ßjájima	Beefsteak mit Ei

Speisekarte

bravetina na lički način Hammelfleisch Lika Art
bráwetina na lítschki
nátschin

bubrezi búbresi Nieren

čevapčići Cevapcici
tschewáptschitchi

divljač díwljatsch Wild

govedina gówedina Rindfleisch

gulaš gúlasch Gulasch

hajdučki ćevap Räuberspieß
chájdutschki tchéwap

janjeće pečenje Lammbraten
jánjetche petschénje

janjetina jánjetina Lammfleisch

jezik jésik Zunge

jetra jétra Leber

jetra na žaru Leber vom Grill
jétra na scháru

krvavica krwáwitza Blutwurst

miješano meso na žaru gemischter Grillteller
mijéschano méßo na
scháru

musaka mußáka Musaka

odojak ódojak Spanferkel

odrezak ódresak Schnitzel

paprikaš páprikasch Paprikagulasch

pečenje petschénje Braten

pljeskavica pljéßkawitza ..... Pljeskavica (Hackfleisch vom Rost)

plućica plútchitza .... Lüngerl

ražnjići ráschnjitchi .... Fleischspieß

sarma ßárma .... Sauerkrautwickel

stek ßték .... Steak

svinjetina ßwínjetina .... Schweinefleisch

svinjski odrezak .... Schweineschnitzel
ßwínjßki ódresak

svinjsko pečenje .... Schweinebraten
ßwínjßo petschénje

teleća jetra téletcha jétra ... Kalbsleber

teleći odrezak .... Kalbsschnitzel
téletchi ódresak

vješalica wjéschalitza .... Fleisch vom Grill

zagrebački odrezak .... Zagreber Schnitzel
ságrebatschki ódresak

Perad
Geflügel

pile píle .... Hähnchen

pečeno pile .... Brathuhn
pétscheno píle

pohano pile póchano píle ... paniertes Huhn

purica s mlincima .... gebratene Pute (mit einer
púritza ß mlíntzima Teigspezialität)

Riba
Fisch

bakalar bakalár	Kabeljau
bakalar bakálar	Stockfisch
brancin brantzín	Seebarsch
brudet brudét	Fischbrodetto
cipal tzípal	Meeräsche
iverak íwerak	Scholle
lignje lígnje	Tintenfisch
list lißt	Seezunge
losos lóßoß	Lachs
oslić óßlitch	Seehecht
pastrva páßtrwa	Forelle
sardele ßardéle	Sardinen
sipa ßípa	Tintenfische
skuša ßkúscha	Makrele
som ßom	Wels
šaran scháran	Karpfen
štuka schtúka	Hecht
tuna túna	Thunfisch

Plodovi mora
Meeresfrüchte

dagnje dágnje .... Miesmuscheln

dagnje na buzara .... Miesmuscheln in »Buzara«-
dágnje na búsaru   Soße

jastog jáßtog .... Hummer

oštrige óschtrige .... Austern

škampi na buzaru .... Scampi in »Buzara«-Soße
schkámpi na búsaru

Povrće
Gemüse

blitva blítwa .... Mangold

blitva s krumpirom .... Mangold mit Salzkartoffeln
blítwa ß krumpírom   (gemischt)

celer tzéler .... Sellerie

cikla tzíkla .... rote Rüben

cvjetača tzwjétatscha .... Blumenkohl

gljive gljíwe .... Pilze

grah grách .... Bohnen

grašak gráschak .... Erbsen

karfiol karfíol .... Blumenkohl

kiselo zelje kíßelo sélje .... Sauerkraut

krastavac kráßtawatz .... Gurke

Speisekarte

luk luk Zwiebeln

mahune máchune Schnittbohnen

paprika páprika Paprika

patliđan patlidschán Auberginen

poriluk póriluk Lauch

rajčice rájtschitze Tomaten

šampinjoni schampinjóni Champignons

špinat schpinát Spinat

tikvice tíkwitze Zucchini

zelje sélje Kohl

Prilozi
Beilagen

krumpir krúmpir Kartoffeln

okruglice okrúglitze Klöße, Knödel

pečeni krumpir Bratkartoffeln
pétscheni krúmpir

pomfrit pomfrít Pommes frites

restani krumpir Röstkartoffeln
réßtani krúmpir

rezanci resántzi Nudeln

riža ríscha Reis

sataraš ßátarasch Fleischbeilage

slani krumpir ßláni krúmpir	Salzkartoffeln
zaprženi krumpir sáprscheni krúmpir	Röstkartoffeln
žganci schgántzi	Polenta, Maisgrieß

Jela s rižom
Reisgerichte

đuveč djúwetsch	Gemüsereis
pilav pílaw	Pilaw
rižot od plodova mora rischót od plódowa móra	Risotto von Meeresfrüchten

Način pripreme
Zubereitungsarten

dimljeno dímljeno	geräuchert
dobro pečeno dóbro pétscheno	durchgebraten
dobro začinjeno dóbro sátschinjeno	gut gewürzt
domaće dómatche	hausgemacht
kuhano kúchano	gekocht
marinirano marinírano	mariniert
meko méko	zart

Speisekarte

na roštilju na roschtílju	gegrillt
napola sirovo	halbroh
nápola ßírowo	
pečeno pétscheno	gebacken
pečeno pétscheno	gebraten
pirjano pírjano	gedünstet
pirjano pírjano	geschmort
pohano póchano	paniert
posoljeno póßoljeno	gesalzen
prženo pŕscheno	geröstet
punjeno púnjeno	gefüllt
sirovo ßírowo	roh
sočno ßótschno	saftig
tvrdo twŕdo	hart
vruće wrútche	heiß
začinjeno sátschinjeno	gewürzt
zapečeno sapétscheno	überbacken

Sirevi
Käse

dimljeni sir dímljeni ßir	Räucherkäse
kozji sir kósji ßir	Ziegenkäse
ovčji sir ówtschji ßir	Schafskäse

paški sir páschki ßir	Schafskäse von der Insel Pag
svježi kravlji sir ßwjéschi kráwlji ßir	Quark, Hüttenkäse
topljeni sir tópljeni ßir	Schmelzkäse

Desert
Nachtisch

burek búrek	gefüllter Blätterteig
kolač kólatsch	Kuchen
kompot kómpot	Kompott
palačinke palatschínke	Palatschinken, Pfannkuchen
palačinke s čokoladom palatschínke ßtschokoládom	Palatschinken mit (heißer) Schokolade
palačinke s orasima palatschínke ßóraßima	Palatschinken mit gemahlenen Walnüssen
palačinke s pekmezom palatschínke ßpékmesom	Palatschinken mit Marmelade
palačinke sa sirom palatschínke ßa ßírom	Topfenpalatschinken
savijača od sira ßawíjatscha od ßíra	Topfenstrudel
sladoled ßládoled	Eis
voćna salata wótchna ßaláta	Obstsalat

Voće
Obst

banana banána	Banane
breskva bréßkwa	Pfirsich
dinja dínja	Melone
dinja dínja	Honigmelone
grožđe gróschdsche	Weintrauben
jabuka jábuka	Apfel
jagode jágode	Erdbeeren
kruška krúschka	Birne
limun límun	Zitrone
lubenica lubénitza	Wassermelone
marelica marélitza	Aprikose
naranđa nárandscha	Orange
smokve ßmókwe	Feigen
šljiva schljíwa	Pflaume
trešnje tréschnje	Kirschen

Alkoholna pića
Alkoholische Getränke

bezalkoholno pivo — alkoholfreies Bier
bésalkocholno píwo

bijelo vino bijélo wíno — Weißwein

buteljirano vino — Flaschenwein
buteljírano wíno

crno vino tzŕno wíno — Rotwein

dalmatinsko vino — dalmatinischer Wein
dalmátinßko wíno

desertno vino — Dessertwein
déßertno wíno

domaće vino — Landwein
dómatche wíno

konjak kónjak — Kognak

lagano vino lágano wíno — leichter Wein

liker likér — Likör

pivo píwo — Bier

pjenušac pjenúschatz — Schaumwein, Sekt

polusuho vino — halbtrockener Wein
pólußucho wíno

rakija rákija — Schnaps

rum rum — Rum

stolno vino ßtólno wíno — Tischwein

suho vino ßúcho wíno — trockener Wein

svijetlo pivo	ßwijétlo píwo	helles Bier
šljivovica	schljíwowitza	Sliwowitz
tamno pivo	támno píwo	dunkles Bier
travarica	trawáritza	Kräuterschnaps
trpko vino	tŕpko wíno	herber Wein
vino	wíno	Wein
viski	wíßki	Whisky
votka	wótka	Wodka

Bezalkoholna pića
Alkoholfreie Getränke

limunada	limunáda	Limonade
mineralna voda	míneralna wóda	Mineralwasser
sok	ßok	Saft
sok od jabuke	ßok od jábuke	Apfelsaft
sok od naranđe	ßok od nárandje	Orangensaft
sok od rajčice	ßok od rájtschitze	Tomatensaft
voćni sok	wótschni ßok	Fruchtsaft
voda	wóda	Wasser

Topla pića
Heiße Getränke

biljni čaj bíljni tschaj .... Kräutertee

crna kava tzŕna káwa .... schwarzer Kaffee

crni čaj tzŕni tschaj .... schwarzer Tee

čaj tschaj .... Tee

čaj od mente .... Pfefferminztee
tschaj od ménte

čaj s limunom .... Tee mit Zitrone
tschaj ßlímunom

čaj s mlijekom .... Tee mit Milch
tschaj ßmlijékom

espresso eßpréßo .... Espresso

kakao kakáo .... Kakao

kamilica kamílitza .... Kamillentee

kava káwa .... Kaffee

kava bez kofeina .... koffeinfreier Kaffee
káwa bes kofeína

kava s mlijekom .... Kaffee mit Milch
káwa ßmlijékom

vruća čokolada .... heiße Schokolade
wrútcha tschokoláda

Info

Außer im Restaurant (Restoran reßtóran) können Sie in der Gaststätte (Gostionica goßtjónitza, Konoba kónoba) gut und preiswert essen. Eine kleine Mahlzeit im Stehen erhalten Sie im Bife bifé (Imbissstube). Kaffee und Kuchen finden Sie in de Slastičarnica ßlaßtitschárnitza (Konditorei) oder im Café kafé.

Restaurantsuche

Wo gibt es hier in der Nähe ...	Gdje je tu u blizini ... gdje je tu u blisíni ...
... ein Café?	... kafić? ... kafítch?
... einen Schnell- imbiss?	... kiosk za brzu hranu? ... kíoßk sa brsu chránu?
... eine Kneipe?	... gostionica? ... goßtióitza?
... ein preiswertes Restaurant?	... jeftin restoran? ... jéftin reßtóran?
... ein typisches Restaurant?	... tipični restoran? ... típitschni reßtóran?
Ich möchte einen Tisch für zwei Personen um ... Uhr reservieren.	♂ Htio / ♀ Htjela bih rezervirati stol za dvije osobe za ... sati. ♂ chtío / ♀ chtjéla bich resérwirati ßtol sa dwíje óßobe sa ... ßáti.
Ich möchte einen Tisch für sechs Personen um ... Uhr reservieren.	♂ Htio / ♀ Htjela bih rezervirati stol za šest osoba za ... sati. ♂ chtío / ♀ chtjéla bich resérwirati ßtol sa schéßt óßoba sa ... ßáti.

Wir haben einen Tisch für ... Personen reserviert (auf den Namen ...).

Rezervirali smo stol za ... osoba (na ime ...).
resérwirali ßmo ßtol sa ... óßoba (na íme ...).

Einen Tisch für ... Personen bitte.

Stol za ... osoba, molim.
ßtol sa ... óßoba, mólim.

Ist dieser Tisch noch frei?

Da li je ovaj stol još slobodan?
dáli je ówaj ßtol josch ßlóbodan?

Ist dieser Platz noch frei?

Da li je ovo mjesto još slobodno?
dáli je ówo mjéßto josch ßlóbodno?

Haben Sie einen Hochstuhl?

Imate li dječju stolicu?
ímate li djétschju ßtólitzu?

Entschuldigung, wo sind die Toiletten?

Oprostite, gdje su tu toaleti?
opróßtite, gdje je ßu tu toaléti?

Bestellen

Ist hier Selbstbedienung?

Da li je ovdje samoposluživanje?
da li je ówdje ßamopoßluschíwanje?

Ich möchte nur etwas trinken.

♂ Htio / ♀ Htjela bih samo nešto popiti.
♂ chtío / ♀ chtjéla bich ßámo néschto pópiti.

o

Am einfachsten machen Sie die Bedienung mit **Molim vas!** mólim waß! (Ich bitte Sie!) auf sich aufmerksam, das klingt höflicher als **Konobare!** kónobare! (Kellner) oder **Djevojko!** djéwojko! (Fräulein).

Info

In Kroatien sind Weinschorlen sehr beliebt. Probieren Sie einen **gemišt** gemíscht (Wein mit Mineralwasser) oder einen **špricer** schprítzer (Wein mit Soda). In Dalmatien trinkt man **bevanda** béwanda (Rotwein mit stillem Wasser).

Die Karte bitte.	**Jelovnik, molim.** jélownik, mólim.
Ich möchte nur eine Kleinigkeit essen.	♂ **Želio / ♀ Željela bih pojesti samo nešto malo.** ♂ schélio / ♀ schéljela bich pójeßti ßám néschto málo.
Gibt es jetzt noch etwas zu essen?	**Može li se još dobiti nešto za pojesti?** mósche li ße josch dóbiti néschto sa pójeßti?
Gibt es jetzt noch etwas Warmes zu essen?	**Ima li sada još toplih jela?** íma li ßáda josch tóplich jéla?

Das könnten Sie hören:

◄ **Što želite popiti?** schtó schélite pópiti?	Was möchten Sie trinken?
Ich möchte ...	♂ **Htio / ♀ Htjela bih ...** ♂ chtío / ♀ chtjéla bich ...
... ein Glas Rotwein.	... **čašu crnog vina.** ... tscháschu tzŕnog wína.
... eine Flasche Weißwein.	... **butelju bijelog vina.** ... butélju bijélog wína.
... einen Liter Hauswein.	... **litru domaćeg vina.** ... lítru dómatcheg wína.

Ich möchte ...	♂ Htio / ♀ Htjela bih ...
	♂ chtío / ♀ chtjéla bich ...
... einen halben Liter Hauswein.	... pola litre domaćeg vina.
	... póla lítre dómatcheg wína.
... ein Viertel Rosé.	... četvrt litre rozea.
	... tschétwrt lítre roséa.
... ein Bier.	... jedno pivo. ... jédno píwo.
... eine Karaffe Wasser.	... vrč vode. ... wrtsch wóde.
... eine kleine Flasche Mineralwasser.	... malu bocu mineralne vode.
	... málu bótzu míneralne wóde.
... eine große Flasche Mineralwasser.	... veliku bocu mineralne vode.
	... wéliku bótzu míneralne wóde.
... eine Tasse Kaffee.	... šalicu kave. ... schálitzu káwe.
Haben Sie auch offenen Wein?	Imate li i točeno vino?
	ímate li i tótscheno wíno?

Das könnten Sie hören:

Što biste željeli pojesti?
schto bíßte schéljeli pójeßti?

Was möchten Sie essen?

Ich möchte ...	♂ Htio / ♀ Htjela bih ...
	♂ chtío / ♀ chtjéla bich ...
... das Menü zu ... Kuna.	... meni za ... kuna. ... mení sa ... kúna.
... das Menü zu ... Euro.	... meni za ... eura. ... mení sa ... éura.
... eine Portion ...	... jednu porciju ... ... jédnu pórtziju ...
... ein Stück ...	... komad ... ... kómad ...

Was empfehlen Sie mir?	**Što biste mi preporučili?** schto bíßte mi preporútschili?
Was ist heute das Tagesgericht?	**Što je danas na dnevnoj karti?** schto je dánaß na dnéwnoj kárti?
Was sind die Spezialitäten dieser Region?	**Što su specijaliteti ovog kraja?** schto ßu ßpetzijalitéti ówog k020
Haben Sie ...	**Imate li ...** ímate li ...
... diabetische Kost?	**... hranu za dijabetičare?** ... chránu sa dijabétitschare?
... Diätkost?	**... dijetalnu hranu?** ... díjetalnu chránu?
... vegetarische Gerichte?	**... vegetarijanska jela?** ... wégetarijanßka jéla?
Ist ... in dem Gericht? Ich darf das nicht essen.	**Da li jelo sadrži ...? Ja to ne smijem jesti** dáli jélo ßádrschi ...? ja to néßmijem jéßti
Für mich bitte ohne ...	**Za mene, molim, bez ...** sa méne, mólim, bes ...
Kann ich ... statt ... haben?	**Mogu li dobiti ... umjesto ...?** mógu li dóbiti ... úmjeßto ...?

Das könnten Sie hören:

◄ **Na koji način želite vaš stek?**
na kóji nátschin schélite wásch ßték?

	Wie möchten Sie Ihr Steak?
Blutig.	**Krvav.** kŕwaw.
Medium.	**Srednje pečen.** ßrédnje pétschen.
Gut durchgebraten.	**Dobro pečen.** dóbro pétschen.

Das könnten Sie hören:

Koje predjelo želite?
kóje prédjelo schélite?

Was nehmen Sie als Vorspeise?

Koji desert želite?
kóji déßert schélite?

Was nehmen Sie als Nachtisch?

Danke, ich nehme ...

Hvala, neću uzeti ...
chwála, nétchu úseti ...

... keine Vorspeise.

... predjelo. ... prédjelo.

... keinen Nachtisch.

... desert. ... déßert.

Ich möchte noch
etwas Brot.

Molim vas još malo kruha.
mólim waß josch málo krúcha.

Bitte bringen Sie mir
noch ...

Molim vas donesite mi još ...
mólim wa, donéßite mi josch ...

Haben Sie ein Kinder-
menü?

Imate li dječji meni?
ímate li djétschji mení?

Können wir für die
Kinder eine halbe
Portion bekommen?

**Možemo li dobiti za djecu pola
porcije?**
móschemo li dóbiti sa djétzu póla
pórtzije?

Bringen Sie uns bitte
... für unser Kind.

Možemo li dobiti ... za dijete?
móschemo li dóbiti ... sa díjete?

... ein Extra-Gedeck

... dodatni jedaći pribor
... dódatni jédatchi príbor

.. einen kleinen Löffel

... žličicu ... schlítschitzu

Können Sie bitte
das Fläschchen
aufwärmen?

Možete li ugrijati bočicu?
móschete li ugríjati bótschitzu?

Gemeinsam essen

Guten Appetit!	**Dobar tek!** dóbar tek!
Danke, gleichfalls!	**Hvala, također!** chwála, takódjer!
Zum Wohl!	**Živjeli!** s̠chíwjeli!

Das könnten Sie hören:

◄**Prija li vam | ti?**
príja li wam | ti?

Schmeckt es Ihnen | dir?

Danke, sehr gut.

Hvala, vrlo dobro. chwála, wŕlo dóbro.

Das könnten Sie hören:

◄**Još malo …?**
josch málo …?

Noch etwas …?

◄**Želite | Želiš li od ovoga?**
 s̠chélite | s̠chélisch li od ówoga?

Möchten Sie | Möchtest du hiervon?

Ja, gerne.	**Da, rado.** da, rádo.
Danke, ich bin satt.	**Hvala, ♂ sit / ♀ sita sam.**
chwála, ♂ ßit / ♀ ßíta ßam.
Was ist das?	**Što je ovo?** schto je ówo?
Können Sie	Kannst du mir bitte … reichen?	**Možete	Možeš li mi dodati …?**
mós̠chete	mós̠chesch li mi dódati …?
Ich möchte keinen Alkohol trinken.	**Ne bih ♂ htio / ♀ htjela piti alkohol.**
nébich ♂ chtío / ♀ chtjéla píti álkochol.
Stört es Sie	dich, wenn ich rauche?	**Smeta li vam	ti, ako pušim?**
ßméta li wam	ti, áko púschim?

ch möchte Sie | dich einladen.	♂ Htio / ♀ Htjela bih vas | te pozvati. ♂ chtío / ♀ chtjéla bich waß | te póswati.
Danke für die Einladung.	Hvala na pozivu. chwála na pósiwu.
Es war aus-gezeichnet.	Bilo je izvrsno. bílo je íswrßno.

Höfliche Wendungen, S. 59

Reklamieren

Das habe ich nicht bestellt. Ich wollte ...	To nisam ♂ naručio / ♀ naručila. ♂ Htio / ♀ Htjela sam ... to níßam ♂ narútschio / ♀ narútschila. ♂ chtío / ♀ chtjéla ßam ...
Haben Sie unser ... vergessen?	Da li ste zaboravili naš ...? dáli ßte sabórawili nasch ...?
Hier fehlt noch ...	Ovdje nedostaje još ... ówdje nedóßtaje josch ...
Das Essen ist ...	Jelo je ... jélo je ...
... kalt.	... hladno. ... chládno.
... versalzen.	... presoljeno. ... préßoljeno.
Das Fleisch ist nicht lang genug gebraten.	Meso nije dovoljno pečeno. méßo níje dówoljno pétscheno.
Das Fleisch ist zäh.	Meso je žilavo. méßo je s̩chílawo.
Bitte nehmen Sie es zurück.	Molim vas, vratite ovo. mólim waß, wrátite ówo.

Info

Sagen Sie es am besten gleich bei der Bitte um die Rechnung
dazu, wenn Sie getrennt bezahlen wollen. Als Anerkennung
für guten Service sind im Restaurant etwa zehn Prozent Trinkgeld angemessen. Entweder lässt man es auf dem Tisch
liegen, oder man rundet den Rechnungsbetrag beim Bezahlen
entsprechend auf.

Bezahlen

Die Rechnung bitte!	**Račun molim!** rátschun mólim!
Wir möchten getrennt bezahlen.	**Željeli bismo platiti odvojeno.** schéljeli bíßmo plátiti ódwojeno.
Bitte alles zusammen.	**Sve zajedno, molim.** ßwe sájedno, mólim.
Ich hätte gerne eine Quittung.	**Molim vas račun.** mólim waß rátschun

Das könnten Sie hören:

◀ **Da li je bilo ukusno?** dáli je bílo úkußno?	Hat es Ihnen geschmeckt?
Sagen Sie dem Koch mein Kompliment!	**Prenesite kuharu moj kompliment!** prenéßite kúcharu moj komplíment!
Ich glaube, hier stimmt etwas nicht.	**Mislim da ovdje nešto nije u redu.** míßlim da ówdje néschto níje u rédu.
Rechnen Sie es mir bitte vor.	**Izračunajte mi to, molim vas, predamnom.** isratschúnajte mi to, mólim waß, prédamnom.

s stimmt so.   **U redu je.**   u rédu je.

ielen Dank.   **Puno hvala.**   púno chwála.

Weitere Wörter

Abendessen	**večera** wétschera
Aschenbecher	**pepeljara** pepéljara
Babyfläschchen	**bočica za bebe** bótschitza sa bébe
Bedienung	♂ **konobar** / ♀ **konobarica**
	♂ kónobar / ♀ kónobaritza
Beilage	**prilog** prílog
Besteck	**pribor za jelo** príbor sa jélo
bestellen	**naručiti** narútschiti
bezahlen	**platiti** plátiti
getrennt bezahlen	**odvojeno platiti** ódwojeno plátiti
zusammen bezahlen	**zajedno platiti** sájedno plátiti
Brot	**kruh** kruch
Brötchen	**pecivo** pétziwo
belegtes Brot	**sendvič** ßéndwitsch
Butter	**putar** pútar
Diät	**dijeta** dijéta
durstig sein	**biti** ♂ **žedan** / ♀ **žedna**
	bíti ♂ s̱chédan / ♀ s̱chédna
Essen	**jelo** jélo
essen	**jesti** jéßti
Essig	**ocat** ótzat
fett	**masno** mášno
Fisch	**riba** ríba
Flasche	**boca** bótza
Fläschchenwärmer	**grijač za bočicu**
	gríjatsch sa bótschitzu
Fleisch	**meso** méßo
frisch	**svježe** ßwjés̱che

Frühstück	doručak dórutschak
frühstücken	doručkovati dórutschkowati
Gabel	vilica wílitza
Gebäck	pecivo pétziwo
Gedeck	pribor za jelo príbor sa jélo
Gemüse	povrće pówrtche
Gericht	jelo jélo
Getränk	piće pítche
gewürzt	začinjeno sátschinjeno
Glas	čaša tscháscha
Gräte	riblja kost ríblja koßt
Hauptgericht	glavno jelo gláwno jélo
hausgemacht	domaće dómatche
heiß	vruće wrútche
hungrig sein	biti ♂ gladan / ♀ gladna
	bíti ♂ gládan / ♀ gládna
Joghurt	jogurt jógurt
Kakao	kakao kakáo
kalt	hladno chládno
Kartoffeln	krumpiri krumpíri
Käse	sir ßir
Kellner	konobar kónobar
Kellnerin	konobarica kónobaritza
Ketchup	ketchup kétschap
Kinderteller	dječja porcija djétschja pórtzija
Kneipe	gostionica goßtiónitza
Knoblauch	češnjak tschéschnjak
Kuchen	kolač kólatsch
Löffel	žlica schlítza
mager *(Fleisch)*	krto krto
Margarine	margarin margárin
Marmelade	pekmez pékmes
Mayonnaise	majoneza majonésa
Menü	meni mení

Messer	nož nosch
Mineralwasser	gazirana mineralna voda
mit Kohlensäure	gásirana míneralna wóda
Mineralwasser	negazirana mineralna voda
ohne Kohlensäure	negásirana míneralna wóda
Mittagessen	ručak rútschak
Nachtisch	desert déßert
Nudeln	rezanci résantzi
Obst	voće wótche
Öl	ulje úlje
Pfeffer	papar pápar
Pilze	gljive gljíwe
Pizza	pica pítza
Portion	porcija pórtzija
Reis	riža ríscha
Restaurant	restoran reßtóran
Rindfleisch	govedina gówedina
roh	sirovo ßírowo
Rohkost	sirova hrana ßírowa chrána
Sahne	vrhnje wŕchnje
Salat	salata ßaláta
Salatsoße	preliv za salatu préliw sa ßalátu
Salz	sol ßol
Salzstreuer	soljenka ßóljenka
satt sein	biti ♂ sit / ♀ sita bíti ♂ ßit / ♀ ßíta
sauer	kiselo kíßelo
scharf	ljuto ljúto
schmecken	prijati príjati
Schonkost	dijetalna hrana díjetalna chrána
Senf	senf ßenf
Serviette	salveta ßalwéta
Soße	umak úmak
Spezialität	specijalitet ßpetzijalítet
Stück	komad kómad

Stuhl	**stolica** ßtólitza
Suppe	**juha** júcha
süß	**slatko** ßlátko
Süßstoff	**umjetni šećer** úmjetni schétcher
Tasse	**šalica** schálitza
Tee	**čaj** tschaj
Teelöffel	**čajna žličica** tschájna schlítschitza
Teller	**tanjur** tánjur
Tisch	**stol** ßtol
trinken	**piti** píti
Trinkgeld	**napojnica** nápojnitza
vegetarisch	**vegetarijansko** wegetaríjanßko
Vorspeise	**predjelo** prédjelo
Wasser	**voda** wóda
Wein	**vino** wíno
Zahnstocher	**čačkalica** tschátschkalitza
Zucker	**šećer** schétcher

Unterwegs in der Stadt

... die wichtigsten Sätze

Entschuldigung, wo ist ...?

Oprostite, gdje je ...?
opróßtite, gdje je ...?

Wie komme ich zu ...? **Kako ću doći do ...?**
káko tchu dótchi do ...?

Wo ist die Touristeninformation?
▸ *Orientierung, S. 114* **Gdje je turistička agencija?**
gdje je turíßtitschka agéntzija?

Wann ist ... geöffnet? **Kada je ♂ otvoren / ♀ otvorena ...?**
káda je ♂ ótworen / ♀ ótworena ...?

Ich möchte einen Stadtplan.

♂ Htio / ♀ Htjela bih plan grada.
♂ chtío / ♀ chtjéla bich plan gráda.

Können Sie mir ein gutes Hotel empfehlen?

Možete li mi preporučiti dobar hotel?
móschete li mi preporútschiti dóbar
chótel?

Ist es weit von hier? **Je li daleko odavde?**
▸ *Touristeninformation,*
S. 116 jéli daléko ódawde?

Wo ist die nächste U-Bahn-Station?

**Gdje je najbliža postaja podzemne
željeznice?**
gdje je nájblischa póßtaja pódsemne
schéljesnitze?

Fährt dieser Bus nach ...?

Vozi li ovaj autobus za ...?
wósi li ówaj áutobuß sa ...?

Gibt es Tageskarten?

Ima li dnevnih karata?
íma li dnéwnich kárata?

Bitte einen Fahrschein nach ...

▸ *Mit Bus und Bahn, S. 119*   **Molim vas jednu kartu za ...**
mólim waß jédnu kártu sa ...

Wo bekomme ich ein Taxi?

▸ *Mit dem Taxi, S. 121*   **Gdje mogu dobiti taksi?**
gdje mógu dóbiti tákßi?

Entschuldigung, wo ist hier ein Geldautomat?

▸ *Bank, S. 123*   **Oprostite, gdje se ovdje nalazi bankomat?**
opróßtite, gdje ße ówdje nálasi bankómat?

Was kostet eine Karte nach ...?

▸ *Post, S. 125*   **Koliko košta razglednica za ...?**
kóliko kóschta rásglednitza za ...?

Wo kann ich hier telefonieren?

Gdje tu mogu telefonirati?
gdje tu mógu telefónirati?

Ich hätte gerne eine Prepaid-Karte.

♂ **Htio / ♀ Htjela bih karticu za mobitel.**
♂ chtío / ♀ chtjéla bich kártitzu sa móbitel.

Wo gibt es kostenlosen WLAN-Zugang?

▸ *Kommunikation, S. 126*   **Gdje ima besplatni WLAN?**
gdje íma béßplatni wélan?

Orientierung

Entschuldigung, wo ist ...?	Oprostite, gdje je ...? oprȏštite, gdje je ...?
Können Sie mir das auf der Karte zeigen?	Možete li mi to pokazati na karti? móschete li mi to pokásati na kárti?
Wie viele Minuten zu Fuß?	Koliko minuta pješice? kóliko minúta pjéschitze?
Ist das die Straße nach ...?	Je li ovo cesta za ...? jéli ȏwo tzéßta sa ...?

Das könnten Sie hören:

◄ Žao mi je, to ne znam.
schȃo mi je, to néßnam.

Tut mir leid, das weiß ich nicht.

◄ Na slijedećem semaforu ...
na ßlijédetchem ßémaforu ...

An der nächsten Ampel ...

◄ Na slijedećem križanju ...
na ßlijédetchem kríschanju ...

An der nächsten Kreuzung ...

◄ Prva ulica ...   Die erste Straße ...
pȑwa úlitza ...

◄ Druga ulica ...   Die zweite Straße ...
drúga úlitza ...

... lijevo. ... lijȇwo.   ... links.

... desno. ... déßno.   ... rechts.

114

▸**Prijeđite trg.**   Überqueren Sie den Platz.
prijédjite trg.

▸**Prijeđite ulicu.**   Überqueren Sie die Straße.
prijédjite úlitzu.

◂**Možete uzeti autobus.**
móschete úseti áutobuß.
   Sie können den Bus nehmen.

Orts- und Richtungsangaben

cesta	Straße *(auf dem Land)*
(na) desno	(nach) rechts
dosta daleko	ziemlich weit
ispred	vor
iza	hinter
križanje	Kreuzung
(na) lijevo	(nach) links
nasuprot	gegenüber
natrag	zurück
nije daleko	nicht weit
niz stepenice	die Treppe hinunter
ovdje	hier
ovuda	hier entlang
pokraj	nahe bei
ravno	geradeaus
semafor	Ampel
tamo	dort
tamo otraga	dort hinten
ulica	Straße *(in der Stadt)*
uz	neben
uz stepenice	die Treppe hinauf
zavoj	Kurve

Touristeninformation

Wo ist die Touristen-information?	**Gdje je turistička agencija?** gdje je turíßtitschka agéntzija?
Wissen Sie, wo ich hier ein Zimmer finden kann?	**Znate li gdje ovdje mogu naći sobu?** snáte li gdje ówdje mógu nátchi ßóbu?
Können Sie mir ... empfehlen?	**Možete li mi preporučiti ...** móschete li mi preporútschiti ...
... ein gutes Hotel	**... dobar hotel?** ... dóbar chótel?
... ein preiswertes Hotel	**... jeftin hotel?** ... jéftin chótel?
... eine Pension	**... pansion?** ... panßíon?
... eine Privat-unterkunft	**... privatni smještaj?** ... príwatni ßmjéschtaj?
Wie viel kostet es (ungefähr)?	**Koliko to (približno) košta?** kóliko to (príblischno) kóschta?
Können Sie für mich dort reservieren? ▸ *Hotel, S. 66*	**Možete li tamo za mene rezervirati?** móschete li támo sa méne reserwírati?
Gibt es hier ...	**Ima li ovdje ...** íma li ówdje ...
... eine Jugend-herberge?	**... hostel (za mladež)?** ... chóßtel (sa mládesch)?
... einen Camping-platz?	**... kamp?** ... kamp?
Ist es weit von hier?	**Je li daleko odavde?** jéli daléko ódawde?

Wie komme ich dort-hin?

Kako ću doći tamo?
káko tchu dótchi támo?

Wo gibt es hier ein Internet-Café?
▸ *Internet, S. 128*

Gdje se tu nalazi Internet café?
gdje ße tu nálasi ínternet kafé?

Wo gibt es kosten-loses WLAN-Zugang?

Gdje ima besplatni WLAN?
gdje íma béßplatni wélan?

Ich möchte ...

♂ Htio / ♀ Htjela bih ...
♂ chtío / ♀ chtjéla bich ...

... einen Plan von der Umgebung.

... plan okolice. ... plan ókolitze.

... einen Stadtplan.

... plan grada. ... plan gráda.

... einen Veranstal-tungskalender.

... program priredbi.
... prógram príredbi.

Ich möchte ... besich-tigen.

♂ Htio / ♀ Htjela bih razgledati ...
♂ chtío / ♀ chtjéla bich rasglédati ...

Haben Sie auch Prospekte auf Deutsch?

Imate li prospekte i na njemačkom jeziku?
ímate li próßpekte i na njématschkom jésiku?

Gibt es ...

Ima li ... íma li ...

... Stadtrundfahrten?

... tura obilaska grada?
... túra obílaßka gráda?

... Stadtführungen?

... razgledavanja grada s vodičem?
... rasgledáwanja gráda ßwodítschem?

Was kostet die Rund-fahrt?

Koliko košta obilazak?
kóliko kóschta obílasak?

Wie lange dauert die ...	**Koliko dugo traje ...** kóliko dúgo tráje ...
... Rundfahrt?	**... obilazak?** ... obílasak?
... Führung?	**... razgledavanje s vodičem?** ... rasgledáwanje ßwodítschem?
Bitte ... für die Stadt-rundfahrt.	**Molim vas ... za obilazak grada.** mólim waß ... sa obílasak gráda.
... eine Karte	**... jednu kartu** ... jédnu kártu
... zwei Karten	**... dvije karte** ... dwíje kárte
Welche Sehens-würdigkeiten gibt es hier?	**Kakvih znamenitosti ima ovdje?** kákwich snaménitoßti íma ówdje?
Wann ist ... geöffnet?	**Kada je ♂ otvoren / ♀ otvorena ...?** káda je ♂ ótworen / ♀ ótworena ...?
Bitte für den Ausflug morgen nach ... einen Platz.	**Molim vas jedno mjesto za sutra za izlet na ...** mólim waß jédno mjéßto sa ßútra sa íslet na ...
Bitte für den Ausflug morgen nach ... zwei Plätze.	**Molim vas dva mjesta za sutra za izlet na ...** mólim waß dwa mjéßta sa ßútra sa íslet na ...
Wann treffen wir uns?	**Kada ćemo se sresti?** káda tchémo ße ßréßti?
Wo treffen wir uns?	**Gdje ćemo se sresti?** gdje tchémo ße ßréßti?
Besichtigen wir auch ...?	**Da li ćemo razgledati i ...?** dáli tchémo rásgledati i ...?

Bus, Bahn, Taxi

Mit Bus und Bahn

Wo hält der Bus nach ...?	Gdje stoji autobus za ...? gdje ßtóji áutobuß sa ...?
Wo hält die Straßenbahn nach ...?	Gdje stoji tramvaj za ...? gdje ßtóji trámwaj sa ...?
Welcher Bus fährt nach ...?	Koji autobus vozi za ...? kóji áutobuß wósi sa ...?
Welche U-Bahn fährt nach ...?	Koja podzemna željeznica vozi za ...? kója pódsemna s̲chéljesnitza wósi sa ...?

Das könnten Sie hören:

◄ Autobus broj ...
áutobuß broj ...   Der Bus Nummer ...

◄ Podzemna željeznička linija broj ...
pódsemna s̲chéljesnitschka línija broj ...
                                           Die U-Bahn-Linie Nummer ...

Wann fährt der nächste Bus nach ...?	Kada polazi sljedeći autobus za ...? káda pólasi ßljédetchi áutobuß sa ...?
Wann fährt die nächste Straßenbahn nach ...?	Kada polazi sljedeći tramvaj za ...? káda pólasi ßljédetchi trámwaj sa ...?
Wann fährt der letzte Bus?	Kada vozi zadnji autobus? káda wósi sádnji áutobuß?
Fährt dieser Bus nach ...?	Vozi li ovaj autobus za ...? wósi li ówaj áutobuß sa ...?

Gibt es Niederflurbusse?	**Ima li niskopodnih autobusa?** íma li níßkopodnich áutobußa?
Muss ich nach ... umsteigen?	**Da li moram presjedati za ...?** dáli móram preßjédati sa ...?
Könnten Sie mir bitte beim ... helfen?	**Možete li mi, molim vas, pomoći pri ...** móschete li mi, mólim waß, pómotchi pri ...
... Einsteigen	**... ulasku?** ... úlaßku?
... Aussteigen	**... izlasku?** ... íslaßku?
Sagen Sie mir bitte, wo ich ... muss?	**Recite mi, molim vas, gdje moram ...** rétzite mi, mólim waß, gdje móram ...
... aussteigen	**... sići?** ... ßítchi?
... umsteigen	**... presjedati?** ... preßjédati?
Wo gibt es die Fahrscheine?	**Gdje ima karata?** gdje íma kárata?
Bitte einen Fahrschein nach ...	**Molim vas jednu kartu za ...** mólim waß jédnu kártu sa ...
Gibt es ...	**Ima li ...** íma li ...
... Tageskarten?	**... dnevnih karata?** ... dnéwnich kárata?
... Mehrfahrtenkarten?	**... višekratnih karata?** ... wíschekratnich kárata?
... Wochenkarten?	**... tjednih karata?** ... tjédnich kárata?
Bis zu welchem Alter fahren Kinder umsonst?	**Do koje starosne dobi je vožnja za djecu besplatna?** do kóje ßtároßne dóbi je wóschnja sa djétzu béßplatna?

Mit dem Taxi

Wo bekomme ich ein Taxi?	Gdje mogu dobiti taksi? gdje mógu dóbiti tákßi?
Bitte bestellen Sie mir für (morgen um) ... Uhr ein Taxi.	Molim vas naručite mi taksi za (sutra u) ... sati. mólim waß narútschite mi tákßi sa (ßútra u) ... ßáti.
Sind Sie frei?	Da li ste slobodni? da li ßte ßlóbodni?
Bitte ...	Molim, ... mólim, ...
... zum Bahnhof!	... na kolodvor! ... na kólodwor!
... zum Flughafen!	... do zračne luke! ... do srátschne lúke!
... zum Hotel ...!	... do hotela ...! ... do chotéla ...!
... in die Innenstadt!	... u centar grada! ... u tzéntar gráda!
... in die ... Straße!	... u ... ulicu! ... u ... úlitzu!
... zu einem guten Club!	... do nekog poznatog (disco)kluba! ... do nékog pósnatog (díßko)klúba!
Wie viel kostet es nach ...?	Koliko košta do ...? kóliko kóschta do ...?
Man hat mir (im Hotel) gesagt, dass es nur ... kostet.	Rekli su mi (u hotelu) da to košta samo ... rékli ßu mi (u chotélu) da to kóschta ßámo ...
Bitte schalten Sie den Taxameter ein.	Molim vas uključite taksimetar. mólim waß ukljútschite tákßimetar.
Fahren Sie bitte etwas langsamer.	Molim vas vozite malo polaganije. mólim waß wósite málo polagánije.
Halten Sie hier bitte!	Molim vas stanite ovdje! mólim waß ßtánite ówdje!

Warten Sie hier bitte
(einen Augenblick)!

Molim vas pričekajte ovdje (trenutak)!
mólim waß prítschekajte ówdje
(trenútak)!

Das Wechselgeld ist
für Sie!

Razlika je za vas!
ráslika je sa waß!

Weitere Wörter

Abfahrt	**odlazak** ódlasak
aussteigen	**silaziti** ßílasiti
Busbahnhof	**autobusni kolodvor** áutobußni kólodwor
Endstation	**zadnja stanica** sádnja ßtánitza
entwerten	**poništiti** pónischtiti
Entwerter	**poništivač** ponischtíwatsch
Fahrer	**vozač** wósatsch
Fahrkarte	**(vozna) karta** (wósna) kárta
Fahrkartenautomat	**automat za prodaju karata** autómat sa pródaju kárata
Fahrplan	**red vožnje** red wóschnje
Fahrpreis	**cijena vožnje** tzijéna wóschnje
Fahrstuhl	**lift** lift
halten	**stajati** ßtájati
Haltestelle	**postaja** póßtaja
Kontrolleur	**kontrolor** kontrólor
Richtung	**smjer** ßmjer
Rollstuhl	**invalidska kolica** ínwalidßka kolítza
Rolltreppe	**pomične stepenice** pómitschne ßtépenitze
Schaffner	**kondukter** kondúkter
Stadtzentrum	**centar grada** tzéntar gráda
stufenlos	**bez stepenica** bes ßtépenitza
Taxistand	**taksi-postaja** tákßi-póßtaja
umsteigen	**presjedati** presjédati

Bank

Entschuldigen Sie bitte, wo ist hier ...	**Oprostite, gdje se ovdje nalazi ...** oprółtite, gdje ße ówdje nálasi ...
... eine Bank?	**... banka?** ... bánka?
... ein Geldautomat?	**... bankomat?** ... bankómat?
Wo kann ich Geld wechseln?	**Gdje mogu promijeniti novac?** gdjé mógu promijéniti nówatz?
Ich möchte ... Euro umtauschen.	♂ **Htio /** ♀ **Htjela bih promijeniti ... eura.** ♂ chtío / ♀ chtjéla bich promijéniti ... éura.
Ich möchte ... Schweizer Franken umtauschen.	♂ **Htio /** ♀ **Htjela bih promijeniti ... švicarskih franaka.** ♂ chtío / ♀ chtjéla bich promijéniti ... schwítzarßkich fránaka.
Wie hoch sind die Gebühren?	**Koliko iznosi pristojba?** kóliko ísnoßi príßtojba?
Wie ist der Wechselkurs heute?	**Koji je danas kurs?** kóji je dánaß kurß?

Das könnten Sie hören:

◀ **U kojim novčanicama želite novac?**
u kójim nowtschánitzama schélite nówatz?
                Wie möchten Sie das Geld haben?

In kleinen Scheinen, bitte.	**U malim novčanicama, molim.** u málim nowtschánitzama, mólim.
Geben Sie mir bitte auch etwas Kleingeld.	**Molim vas i nešto kovanica.** mólim waß i néschto kowánitza.

Der Geldautomat hat meine Karte einbehalten.	**Bankomat je zadržao moju karticu.** bankómat je sádrschao móju kártitzu.
Ich habe meine Geheimzahl vergessen.	♂ **Zaboravio** / ♀ **Zaboravila sam svoj PIN.** ♂ sabórawio / ♀ sabórawila ßam ßwoj pin.

Weitere Wörter

Banküberweisung	**bankovna doznaka** bánkowna dósnaka
Betrag	**iznos** ísnoß
Euro	**eur** éur
EC-Karte	**EC-kartica** e tze kártitza
Geheimzahl	**code** kod
Geld	**novac** nówatz
Geldautomat	**bankomat** bankómat
Kartennummer	**broj kartice** broj kártitze
Kreditkarte	**kreditna kartica** kréditna kártitza
Kurs	**tečaj** tétschaj
Münze	**kovanica** kowánitza
Reisescheck	**putnički ček** pútnitschki tschek
Schalter	**šalter** schálter
Scheckkarte	**čekovna kartica** tschékowna kártitza
Schweizer Franken	**švicarski franci** schwítzarßki frántzi
Sparkasse	**štedionica** schtediónitza
Überweisung	**doznaka** dósnaka
Unterschrift	**potpis** pótpiß
Währung	**valuta** walúta
Wechselstube	**mjenjačnica** mjénjatschnitza

Post

Wo ist ...	**Gdje je ...** gdje je ...
... das nächste Post-amt?	**... najbliža pošta?** ... nájblis_ch_a póschta?
... der nächste Brief-kasten?	**... najbliži poštanski sandučić?** ... nájblis_ch_i póschtanßki ßándutschitch?
Was kostet ein Brief nach ...?	**Koliko košta pismo za ...?** kóliko kóschta píßmo za ...?
Was kostet eine Karte nach ...?	**Koliko košta razglednica za ...?** kóliko kóschta rásglednitza za ...?
Fünf Briefmarken zu ... bitte.	**Molim vas pet poštanskih maraka po ...** mólim waß pet póschtanßkich máraka po ...
Ich möchte diesen Brief (per Express) aufgeben.	**Želim poslati ovo pismo (ekspres).** schélim póßlati ówo píßmo (ekßpréß).
Ich möchte dieses Paket aufgeben.	**Želim poslati ovaj paket.** schélim póßlati ówaj pakét.
Haben Sie Post für mich?	**Ima li pošte za mene?** íma li póschte sa méne?

Weitere Wörter

Absender	**pošiljatelj** poschíljatelj
Adresse	**adresa** adréßa
Ansichtskarte	**razglednica** rásglednitza
Briefmarke	**poštanska marka** póschtanßka márka
Eilbrief	**expres pismo** ekßpreß píßmo

Empfänger	**primatelj**	prímatelj
Päckchen	**paketić**	pakétitch
Postleitzahl	**poštanski broj**	póschtanßki broj
Schalter	**šalter**	schálter
schicken	**poslati**	póßlati
Sondermarke	**prigodna marka**	prígodna márka
Wertangabe	**naznaka vrijednosti**	násnaka wrijédnoßti
Wertpaket	**vrijednosni paket**	wrijédnoßni páket
zerbrechlich	**krhko**	krchko

Kommunikation

Telefon

Wo kann ich hier telefonieren?

Gdje tu mogu telefonirati?
gdje tu mógu telefónirati?

Ich hätte gern eine Telefonkarte.

♂ Htio / ♀ Htjela bih jednu telefonsku karticu.
♂ chtío / ♀ chtjéla bich jédnu télefonßku kártitzu.

Ich möchte eine SIM-Karte kaufen.

♂ Htio / ♀ Htjela bih kupiti SIM karticu.
♂ chtío / ♀ chtjéla bich kúpiti ßim kártitzu.

Ich hätte gerne eine Prepaid-Karte.

♂ Htio / ♀ Htjela bih karticu za mobitel.
♂ chtío / ♀ chtjéla bich kártitzu sa móbitel.

Ich möchte mein Guthaben aufladen.

♂ Htio / ♀ Htjela bih nadoplatiti karticu.
♂ chtío / ♀ chtjéla bich nadoplátiti kártitzu.

Wie ist die Vorwahl von ...?

Koji je pozivni broj za ...?
kóji je pósiwni broj sa ...?

Hallo? Hier ist ...

Halo? Ovdje ... cháloʔ ówdje ...

Ich möchte ... sprechen.

♂ Htio / ♀ Htjela bih govoriti s ...
♂ chtío / ♀ chtjéla bich gowóriti ß ...

Das könnten Sie hören:

Na aparatu.
na aparátu.

Am Apparat.

... na žalost nije ovdje.
... na scháloßt níje ówdje.

... ist leider nicht da.

Mogu li nešto poručiti?
mógu li néschto porútschiti?

Kann ich etwas ausrichten?

Molim vas, ostanite na aparatu.
mólim waß, óßtanite na aparátu.

Bitte bleiben Sie am Apparat.

Die Verbindung ist schlecht.

Veza je loša. wésa je lóscha.

Ich rufe später noch mal an.

Nazvat ću kasnije još jednom.
náswat tchu káßnije josch jédnom.

fo

Bei Kartentelefonen mit der Aufschrift **s pozivom** können Sie sich unter der angegebenen Nummer zurückrufen lassen.

Info

In den Zentren der meisten Touristengebiete haben Sie über Hotspot Croatia freien Internet-Zugang. Auch bieten fast alle Hotels, Cafés und Restaurants freies WLAN an.

Internet

Wo gibt es hier ein Internet-Café?	Gdje se tu nalazi Internet café? gdje ße tu nálasi ínternet kafé?
Wo gibt es kostenlosen WLAN-Zugang?	Gdje ima besplatni WLAN? gdje íma bёßplatni wélan?
Welchen Computer kann ich benutzen?	Koji kompjutor mogu koristiti? kóji kompjútor mógu kórißtiti?
Was kostet das für eine Viertelstunde?	Koliko stoji četvrt sata? kóliko ßtóji tschétwrt ßáta?
Können Sie mir bitte helfen?	Možete li mi pomoći? móschete li mi pómotchi?
Wie logge ich mich ein?	Kako se mogu prijaviti? káko ße mógu prijáwiti?
Die Internetverbindung funktioniert nicht.	Internet ne radi. ínternet ne rádi.
Ich möchte etwas ...	♂ Htio / ♀ Htjela bih nešto ... ♂ chtío / ♀ chtjéla bich néschto ...
... ausdrucken.	... ispisati. ... ißpíßati.
... scannen.	... preslikati. ... préßlikati.
Der Computer ist abgestürzt.	Kompjutor je pao. kompjútor je páo.

Einkaufen

... die wichtigsten Sätze

Wie viel kostet das? **Koliko to košta?** kóliko to kóschta?

Das ist mir zu teuer. **To mi je preskupo.** to mi je préßkupo.

Kann ich mit Kreditkarte zahlen?
Mogu li platiti kreditnom karticom?
mógu li plátiti kréditnom kártitzom?

Wo bekomme ich ...? **Gdje mogu dobiti ...?**
gdje mógu dóbiti ...?

Danke, ich sehe mich nur um.
Hvala, samo razgledavam.
chwála, ßámo rasglédawam.

Ich hätte gerne ... ♂ **Želio / ♀ Željela bih ...**
♂ schélio / ♀ schéljela bich ...

Das gefällt mir nicht so gut.
Ovo mi se baš ne sviđa.
ówo mi ße basch néßwidja.

Ich nehme es. **Uzet ću to.** úset tchu to.

Danke, das ist alles. **Hvala, to je sve.**
▸*Fragen & Wünsche,* chwála, to je ßwe.
S. 132

Was ist das? **Što je ovo?** schto je ówo?

Bitte geben Sie mir 1 Kilo ...
Dajte mi, molim vas, jednu kilu ...
dájte mi, mólim waß, jédnu kílu ...

Kann ich probieren? | **Mogu li probati?**
▸Lebensmittel, S. 137 | mógu li próbati?

Ich suche ... | **Tražim ...** tráschim ...

Ich habe Größe ... | **Nosim broj ...** nóßim broj ...

Kann ich das anprobieren?
| **Mogu li ovo probati?**
| mógu li ówo próbati?

Es steht mir nicht. | **Ne stoji mi.** neßtóji mi.

Das passt mir nicht. | **Ne odgovara mi.** neodgówara mi.

Haben Sie das auch in Größe ...?
| **Imate li ovo i u broju ...?**
| ímate li ówo i u bróju ...?

Das passt gut. | **Ovo mi pristaje.**
▸Kleidung, S. 143 | ówo mi príßtaje.

Ich habe Schuhgröße ...
| **Nosim cipele broj ...**
| nóßim tzípele broj ...

Sie sind zu groß. | **Prevelike su.**
▸Schuhe, S. 146 | préwelike ßu.

Ich möchte eine Sonnenbrille.
▸Optiker, S. 153 | ♂ **Htio / ♀ Htjela bih naočale za sunce.**
| ♂ chtío / ♀ chtjéla bich náotschale sa ßúntze.

Ist das Handarbeit? | **Je li ovo ručni rad?**
▸Souvenirs, S. 158 | jéli ówo rútschni rad?

131

Fragen & Wünsche

Wie viel kostet das?	**Koliko to košta?** kóliko to kóschta?
Was kostet …?	**Koliko košta …?** kóliko kóschta …?
Was kosten …?	**Koliko koštaju …?** kóliko kóschtaju …?
Können Sie den Preis aufschreiben?	**Možete li mi napisati cijenu?** móschete li mi napíßati tzijénu?
Das ist mir zu teuer.	**To mi je preskupo.** to mi je préßkupo.
Können Sie mir mit dem Preis entgegenkommen?	**Možete li mi spustiti cijenu?** móschete li mi ßpúßtiti tzijénu?
Machen Sie mir einen guten Preis!	**Dajte mi povoljnu cijenu!** dájte mi pówoljnu tzijénu!
Kann ich es etwas billiger bekommen?	**Mogu li to dobiti malo jeftinije?** mógu li to dóbiti málo jeftínije?
Geben Sie einen Nachlass, wenn ich bar zahle?	**Dajete li popust, ako platim u gotovom?** dájete li pópußt, áko plátim u gótowom?
Für … nehme ich es.	**Za … ću to uzeti.** sa … tchu to úseti.
Haben Sie auch etwas Preiswerteres?	**Imate li i nešto jeftinije?** ímate li i néschto jeftínije?
Haben Sie ein Sonderangebot?	**Imate li posebnu ponudu?** ímate li póßebnu pónudu?
Ich hätte gerne eine Quittung.	**Molim vas račun.** mólim waß rátschun.

Kann ich mit ... zahlen?	**Mogu li platiti s ...** mógu li plátiti ß ...
... EC-Karte	**... EC-karticom?** ... e-tze-kártitzom?
... (dieser) Kreditkarte	**... (ovom) kreditnom karticom?** ... (ówom) kréditnom kártitzom?
Wo bekomme ich ...?	**Gdje mogu dobiti ...?** gdje mógu dóbiti ...?

Das könnten Sie hören:

◀ **Što želite?**
schto schélite?

Was wünschen Sie?

◀ **Mogu li vam pomoći?**
mógu li wam pómotchi?

Kann ich Ihnen helfen?

Danke, ich sehe mich nur um.	**Hvala, samo razgledavam.** chwála, ßámo rasglédawam.
Ich werde schon bedient.	**Već me uslužuju.** wetch me ußlúschuju.
Ich hätte gerne ...	♂ **Želio / ♀ Željela bih ...** ♂ schélio / ♀ schéljela bich ...

Das könnten Sie hören:

◀ **Žao mi je, ali nemamo više ...**
scháo mi je, áli némamo wísche ...

Es tut mir leid, wir haben kein(e) ... mehr.

Das gefällt mir nicht so gut.	**Ovo mi se baš ne sviđa.** ówo mi ße basch néßwidja.

Können Sie mir noch etwas anderes zeigen?	**Možete li mi pokazati još nešto drugo?** móschete li mi pokásati josch néschto drúgo?
Ich muss mir das noch mal überlegen.	**Moram još razmisliti o tome.** móram josch rasmíßliti o tóme.
Ich nehme es.	**Uzet ću to.** úset tchu to.

Das könnten Sie hören:

◄ **Želite li još nešto?**
schélite li josch néschto?

	Darf es sonst noch etwas sein?
Danke, das ist alles.	**Hvala, to je sve.** chwála, to je ßwe.
Haben Sie eine Tüte?	**Imate li vrećicu?** ímate li wrétchitzu?
Können Sie es als Geschenk einpacken?	**Možete li mi to zamotati kao poklon?** móschete li mi to samótati káo póklon?
Können Sie es mir für die Reise verpacken?	**Možete li mi to zapakirati za put?** móschete li mi to sapákirati sa put?
Können Sie das nach Deutschland schicken?	**Možete li mi to poslati za Njemačku?** móschete li mi to póßlati sa njématschku
Ich möchte das …	♂ **Htio / ♀ Htjela bih ovo …** ♂ chtío / ♀ chtjéla bich ówo …
… umtauschen.	**… zamijeniti.** … samijéniti.
… zurückgeben.	**… vratiti.** … wrátiti.

Weitere Wörter

Ausverkauf	**rasprodaja**	ráßprodaja
billig	**jeftino**	jéftino
billiger	**jeftinije**	jeftínije
geben	**davati**	dáwati
Geld	**novac**	nówatz
Geschenk	**poklon**	póklon
groß	**veliko**	wéliko
zu groß	**preveliko**	préweliko
größer	**veće**	wétche
kaufen	**kupiti**	kúpiti
klein	**malo**	málo
zu klein	**premalo**	prémalo
kosten	**koštati**	kóschtati
Kreditkarte	**kreditna kartica**	
	kréditna kártitza	
Quittung	**račun**	rátschun
Schaufenster	**izlog**	íslog
Scheck	**ček**	tschek
Schlussverkauf	**rasprodaja**	ráßprodaja
Selbstbedienung	**samoposluživanje**	
	ßamopoßlúschiwanje	
Sonderangebot	**posebna ponuda**	póßebna pónuda
umtauschen	**zamijeniti**	samijéniti
teuer	**skupo**	ßkúpo
zu teuer	**preskupo**	préßkupo
Tüte	**vrećica**	wrétchitza
zeigen	**pokazati**	pokásati
zurückgeben	**vratiti**	wrátiti

Geschäfte

Andenkenladen	trgovina suvenirima	
	trgówina ßuwenírima	
Antiquitätengeschäft	trgovina antikvitetima	
	trgówina antikwitétima	
Apotheke	ljekarna	ljékarna
Bäckerei	pekarnica	pékarnitza
Blumengeschäft	cvjećarnica	tzwjétcharnitza
Boutique	butik	butík
Buchhandlung	knjižara	knjíschara
Drogerie	drogerija	drogérija
Einkaufszentrum	trgovački centar	tŕgowatschki tzéntar
Elektrohandlung	trgovina električnom robom	
	trgówina eléktritschnom róbom	
Feinkostgeschäft	trgovina delikatesama	
	trgówina delikatéßama	
Fischgeschäft	ribarnica	ribárnitza
Fleischerei	mesnica	méßnitza
Flohmarkt	stara krama	ßtára kráma
Fotogeschäft	trgovina foto-priborom	
	trgówina fóto-príborom	
Friseur	frizer	fríser
Gemüsehändler	trgovina voćem i povrćem	
	trgówina wótchem i pówrtchem	
Haushaltswaren	kućne potrepštine	
	kútchne potrépschtine	
Juwelier	zlatar	slátar
Kaufhaus	robna kuća	róbna kútcha
Kiosk	kiosk	kíoßk
Konditorei	slastičarnica	ßlaßtítscharnitza
Lebensmittelgeschäft	trgovina prehranbenim artiklima	
	trgówina préchranbenim artíklima	

Lederwarengeschäft	**trgovina kožnom robom**	
	trgówina kóschnom róbom	
Markt	**sajam** ßájam	
Musikgeschäft	**trgovina glazbenim artiklima**	
	trgówina glásbenim artíklima	
Obst und Gemüse	**voće i povrće** wótche i pówrtche	
Optiker	**optičar** óptitschar	
Parfümerie	**parfimerija** parfimérija	
Reinigung	**kemijsko čišćenje**	
	kémijßko tschíschtchenje	
Schreibwarengeschäft	**trgovina pisaćim priborom**	
	trgówina píßatchim príborom	
Schuhgeschäft	**trgovina obućom** trgówina óbutchom	
Schuhmacher	**postolar** póßtolar	
Sportgeschäft	**trgovina sportskim artiklima**	
	trgówina ßpórtßkim artíklima	
Supermarkt	**supermarket** ßúpermarket	
Süßwaren	**slatkiši** ßlatkíschi	
Tabakwaren	**duhanski proizvodi** dúchanßki próiswodi	
Uhrmacher	**urar** úrar	
Waschsalon	**praonica** praónitza	
Wurstwaren	**mesne prerađevine** méßne preradjéwine	
Zeitungsstand	**kiosk s tiskom** kíoßk ßtíßkom	

Lebensmittel

fo

In Kroatien wird beim Einkaufen häufig deka als Gewichts-
angabe verwendet. Ein deka entspricht zehn Gramm. Deset
deka déßet déka (zehn Deka) sind also 100 Gramm.

Was ist das?	**Što je ovo?** schto je ówo?
Bitte ein Stück davon.	**Molim vas jedan komad od ovoga.** mólim waß jédan kómad od ówoga.
Bitte zwei Stück davon.	**Molim vas dva komada od ovoga.** mólim waß dwa kómáda od ówoga.
Bitte geben Sie mir ...	**Dajte mi, molim vas, ...** dájte mi, mólim waß, ...
... 100 Gramm ...	**... sto grama ...** ... ßto gráma ...
... 1 Kilo	**... jednu kilu ...** ... jédnu kílu ...
... 1 Liter ...	**... jednu litru ...** ... jédnu lítru ...
... 1 halben Liter ...	**... pola litre ...** ... póla lítre ...
... 4 Scheiben ...	**... četiri kriške ...** ... tschétiri kríschke ...
... 1 Stück ...	**... jedan komad ...** ... jédan kómad ...

Das könnten Sie hören:

◄ **Smije li biti malo više?**
ßmíje li bíti málo wísche?

	Darf es etwas mehr sein?
Etwas weniger bitte.	**Molim vas, malo manje.** mólim waß, málo mánje.
Etwas mehr bitte.	**Molim vas, malo više.** mólim waß, málo wísche.
Kann ich probieren?	**Mogu li probati?** mógu li próbati?

Weitere Wörter

Ananas	**ananas** ánanaß
Apfel	**jabuka** jábuka
Apfelsaft	**sok od jabuke** ßok od jábuke
Apfelwein	**jabučno vino** jábutschno wíno
Aprikose	**marelica** marélitza
Artischocke	**artičoka** artitschóka
Aubergine	**patliđan** patlídjan
Avocado	**avokado** awokádo
Banane	**banana** banána
Basilikum	**bosiljak** bóßiljak
Bier	**pivo** píwo
alkoholfreies Bier	**bezalkoholno pivo** bésalkocholno píwo
Birne	**kruška** krúschka
grüne Bohnen	**mahune** máchune
weiße Bohnen	**bijeli grah** bijéli grách
Brokkoli	**brokula** brókula
Brot	**kruh** kruch
Brötchen	**pecivo** pétziwo
Butter	**putar** pútar
Chicorée	**chicorée** tschíkore
Ei	**jaje** jáje
Eis	**sladoled** ßládoled
Erbsen	**grašak** gráschak
Erdbeeren	**jagode** jágode
Erdnüsse	**kikiriki** kikiríki
Essig	**ocat** ótzat
Esskastanien	**pitomi kesteni** pítomi kéßteni
Estragon	**estragon** éßtragon
Fisch	**riba** ríba
Fleisch	**meso** méßo
Geflügel	**perad** pérad

Gemüse	povrće pówrtche
Gewürze	začini sátschini
Grieß	griz gris
Gurke *(Salatgurke)*	krastavac (svježi) krásstawatz (ßwjéschi)
eingelegte Gurken	kiseli krastavci kíßeli krásstawtzi
Hackfleisch	mljeveno meso mljéweno méßo
Haferflocken	zobene pahuljice sóbene páchuljitze
Hähnchen	pile píle
Haselnüsse	lešnjaci léschnjatzi
Himbeeren	maline máline
Honig	med med
Joghurt	jogurt jógurt
Kaffee	kava káwa
Kakao	kakao kakáo
Kalbfleisch	teletina téletina
Kartoffeln	krumpiri krumpíri
Käse	sir ßir
Kekse	keksi kékßi
Ketchup	ketchup kétschap
Kirschen	trešnje tréschnje
Kiwi	kivi kíwi
Knoblauch	češnjak tschéschnjak
Kohl	zelje sélje
ohne Konservie-	bez konzervansa
rungsstoffe	bes konßérwanßa
Kotelett	odrezak ódresak
Kräuter	biljni začini bíljni sátschini
Kräutertee	biljni čaj bíljni tschaj
Kuchen	kolač kólatsch
Lammfleisch	janjetina jánjetina
Lauch	poriluk póriluk
Leberpastete	jetrena pašteta jétrena paschtéta
Limonade	limunada limunáda
Mais	kukuruz kukúrus

Margarine	margarin margárin
Marmelade	džem dschem
Melone	dinja dínja
Milch	mlijeko mlijéko
fettarme Milch	obrano mlijeko óbrano mlijéko
Mineralwasser mit Kohlensäure	gazirana mineralna voda gásirana míneralna wóda
Mineralwasser ohne Kohlensäure	negazirana mineralna voda negásirana míneralna wóda
Möhren	mrkve mŕkwe
Müsli	misli míßli
Nektarine	nektarina nektarína
Nudeln	rezanci résantzi
Obst	voće wótche
Öl	ulje úlje
Oliven	masline mášline
Olivenöl	maslinovo ulje mášlinowo úlje
Ölsardinen	sardine u ulju ßardíne u úlju
Orange	naranđa nárandja
Orangensaft	sok od naranđe ßok od nárandje
Oregano	origano orígano
Paprika *(Gewürz)*	paprika u prahu páprika u práchu
Paprikaschote	paprika páprika
grüne Paprikaschote	zelena paprika sélena páprika
Peperoni	feferoni feferóni
Petersilie	peršin pérschin
Pfeffer	papar pápar
Pfirsich	breskva bréßkwa
Pflaume	šljiva schljíwa
Pilze	gljive gljíwe
Reis	riža ríscha
Rindfleisch	govedina gówedina
Rosmarin	ružmarin rúschmarin
Rotwein	crno vino tzŕno wíno

Saft	**sok** ßok
Sahne	**vrhnje** wŕchnje
Salami	**salama** ßaláma
Salat	**salata** ßaláta
Salz	**sol** ßol
gekochter Schinken	**kuhana šunka** kúchana schúnka
roher Schinken	**sirova šunka** ßírowa schúnka
Schnittlauch	**vlasac** wlåßatz
Schnitzel	**odrezak** ódresak
Schokolade	**čokolada** tschokoláda
Schwarzbrot	**crni kruh** tzŕni krúch
Schweinefleisch	**svinjetina** ßwínjetina
Spargel	**šparoge** schpároge
Spinat	**špinat** schpínat
Steak	**stek** ßtek
Süßstoff	**umjetni šećer** úmjetni schétcher
Tee	**čaj** tschaj
Thunfisch	**tuna** túna
Thymian	**timijan** tímijan
Tomate	**rajčica** rájtschitza
Vollkornbrot	**integralni kruh** íntegralni kruch
Walnuss	**orah** órach
Wassermelone	**lubenica** lubénitza
Wein	**vino** wíno
Weintrauben	**grožđe** gróschdje
Weißbrot	**bijeli kruh** bijéli kruch
Weißwein	**bijelo vino** bijélo wíno
Wurst(aufschnitt)	**naresci** náreßtzi
Würstchen	**kobasice** kobáßitze
Zitrone	**limun** límun
Zucchini	**tikvice** tíkwitze
Zucker	**šećer** schétcher
Zwieback	**dvopek** dwópek
Zwiebel	**luk** luk

Kleidung

Ich suche ...   **Tražim ...** tráṣchim ...

Das könnten Sie hören:

Koji konfekcijski broj nosite?
kóji konféktzijẞki broj nóẞite?

Welche Größe haben Sie?

Ich habe Größe ...   **Nosim broj ...** nóẞim broj ...

Haben Sie das auch   **Imate li ovo i u broju ...?**
in Größe ...?   ímate li ówo i u bróju ...?

Haben Sie das auch   **Imate li ovo i u drugoj boji?**
in einer anderen   ímate li ówo i u drúgoj bóji?
Farbe?
▸ *Farben, S. 144*

Kann ich das   **Mogu li ovo probati?**
anprobieren?   mógu li ówo próbati?

Wo sind die   **Gdje su kabine za presvlačenje?**
Umkleidekabinen?   gdjé ẞu kabíne ẞa preẞwlátschenje?

Wo ist ein Spiegel?   **Gdje je ogledalo?**
                                gdjé je oglédalo?

Welches Material ist   **Koji je ovo materijal?**
das?   kóji je ówo materíjal?
▸ *Stoffe, S. 144*

Es steht mir nicht.   **Ne stoji mi.** neẞtóji mi.

Das passt mir nicht.   **Ne odgovara mi.** neodgówara mi.

Das ist mir zu groß.   **Preveliko mi je.** préweliko mi je.

Das ist mir zu klein.   **Premalo mi je.** prémalo mi je.

Das passt gut.   **Ovo mi pristaje.** ówo mi príßtaje.

Stoffe

Baumwolle .... **pamuk** pámuk

Filz .... **filc** filtz

Fleece .... **fleece** fliß

Kaschmir .... **kašmir** káschmir

Leder .... **koža** kóścha

Leinen .... **lajnen** lájnen

Mikrofaser .... **mikro-vlakno** míkro-wlákno

Naturfaser .... **prirodno vlakno** prírodno wlákno

Schafwolle .... **ovčja vuna** ówtschja wúna

reine Schurwolle .... **čista fina vuna** tschíßta fína wúna

Seide .... **svila** ßwíla

Synthetik .... **sintetika** ßintétika

Wildleder .... **velur koža** welúr kóścha

Wolle .... **vuna** wúna

Farben

beige .... **drap** drap

blau .... **plavo** pláwo

braun .... **smeđe** ßmédje

bunt .... **šareno** scháreno

dunkelblau .... **tamno plavo** támno pláwo

dunkelrot .... **tamno crveno** támno tzŕweno

einfarbig .... **jednobojno** jédnobojno

gelb .... **žuto** schúto

golden .... **zlatno** slátno

grau .... **sivo** ßíwo

grün	**zeleno** séleno
hellblau	**svijetlo plavo** ßwjétlo pláwo
lila	**lila** líla
pink	**ružičasto** rúschitschaßto
rosa	**roza** rósa
rot	**crveno** tzŕweno
schwarz	**crno** tzŕno
silbern	**srebrno** ßrébrno
türkis	**tirkizno** tírkisno
weiß	**bijelo** bijélo

Weitere Wörter

Anzug	**odijelo** odijélo
Ärmel	**rukavi** rukáwi
Badeanzug	**badekostim** bádekoßtim
Badehose	**kupaće gaćice** kúpatche gátchize
Bademantel	**ogrtač za kupanje** ogŕtatsch sa kúpanje
BH	**grudnjak** grúdnjak
Bikini	**bikini** bikíni
Blazer	**blejzer** bléjser
Bluse	**bluza** blúsa
Gürtel	**remen** rémen
Gürtel *(Stoffgürtel)*	**pojas** pójaß
Halstuch	**marama** márama
Handschuhe	**rukavice** rukáwitze
Hemd	**košulja** kóschulja
Hose	**hlaće** chlátche
Hut	**šešir** schéschir
Jacke	**jakna** jákna
Jeans	**traperice** tráperitze
Kleid	**haljina** cháljina
Kostüm	**kostim** kóßtim

Krawatte	**kravata**	krawáta
kurz	**kratko**	krátko
lang	**dugo**	dúgo
Mantel	**kaput**	káput
Mütze	**kapa**	kápa
Pullover	**polover**	polówer
Regenjacke	**kišna jakna**	kíschna jákna
Reißverschluss	**patentni zatvarač**	pátentni satwáratsch
Rock	**suknja**	ßúknja
Sakko	**sako**	ßáko
Schal	**šal**	schal
Schlafanzug	**pidžama**	pidjáma
Shorts	**šorc**	schortz
Slip	**gaćice**	gátchitze
Socken	**sokne**	ßókne
Sonnenhut	**šešir za sunce**	schéschir sa ßúntze
Strümpfe	**čarape**	tschárape
Strumpfhose	**hulahupke**	chulachúpke
T-Shirt	**majica**	májitza
Unterhemd	**potkošulja**	pótkoschulja
Unterwäsche	**donji veš**	dónji wesch
Weste	**prsluk**	príßluk

Schuhe

Ich möchte ein Paar …   ♂ **Htio / ♀ Htjela bih jedan par …**
♂ chtío / ♀ chtjéla bich jédan par …

Das könnten Sie hören:

◄ **Koji broj cipela nosite?**
kóji broj tzípela nóßite?

Welche Schuhgröße haben Sie?

146

Ich habe Schuh-größe ...	**Nosim cipele broj ...** nóßim tzípele broj ...
Der Absatz ist zu ...	**Potpetica je ...** pótpetitza je ...
... hoch.	**... previsoka.** ... préwißoka.
... niedrig.	**... preniska.** ... prénißka.
Sie sind zu ...	**... su.** ... ßu.
... groß.	**... Prevelike** ... préwelike
... klein.	**... Premale** ... prémale
Sie drücken hier.	**Ovdje tiskaju.** ówdje tíßkaju.
Bitte erneuern Sie die Absätze.	**Molim vas, popravite potpetice.** mólim waß, póprawite pótpetitze.
Bitte erneuern Sie die Sohlen.	**Molim vas, popravite đonove.** mólim waß, póprawite djónowe.

Weitere Wörter

Badeschuhe	**šlape za kupanje** schlápe sa kúpanje
Bergschuhe	**planinarske cipele** pláninarßke tzípele
Einlegesohlen	**ulošci za cipele** úloschtzi sa tzípele
eng	**tijesno** tijéßno
Größe	**veličina** welitschína
Gummistiefel	**gumene čizme** gúmene tschísme
Halbschuhe	**niske cipele** níßke tzípele
Ledersohle	**kožni đon** kóschni djón
Pumps	**cipele na visoku petu** tzípele na wißoku pétu
Sandalen	**sandale** ßandále
Schnürsenkel	**vezice za cipele** wésitze sa tzípele
Schuhcreme	**krema za cipele** kréma sa tzípele

Schuhe	**cipele** tzípele
Schuhputzmittel	**sredstvo za čišćenje cipela**
	ßrédßtwo sa tschíschtchenje tzípela
Stiefel	**čizme** tschísme
Turnschuhe	**tenisice** téníßitze
Wanderschuhe	**cipele za pješačenje**
	tzípele sa pjeschátschenje
Wildleder	**velur koža** welúr kóscha

Uhren & Schmuck

Ich suche ein hübsches ...	Tražim zgodan ... tráschim sgódan ...
... Andenken.	**... suvenir.** ... ßuwénir.
... Geschenk.	**... poklon.** ... póklon.

Das könnten Sie hören:

◄ Koliko smije stajati? kóliko ßmíje ßtájati?	Wie viel darf es denn kosten?
Woraus ist das?	Od čega je ovo? od tschéga je ówo?
Ich brauche eine neue Batterie für die Uhr.	Treba mi nova baterija za sat. tréba mi nówa batérija sa ßat.

Weitere Wörter

Anhänger	**privjesak** príwjeßak
Armband	**narukvica** nárukwitza
Brosche	**broš** brosch
Diamant	**dijamant** dijámant

Gold	**zlato** sláto
Karat	**karat** kárat
Kette	**lančić** lántschitch
Modeschmuck	**modni nakit** módni nákit
Ohrklipse	**naušnica klipsa** náuschnitza klípßa
Ohrringe	**naušnice** náuschnitze
Perle	**biser** bíßer
Ring	**prsten** prßten
Schmuck	**nakit** nákit
Silber	**srebro** ßrébro
Uhr	**sat** ßat
Uhrarmband	**remen za sat** rémen sa ßat
vergoldet	**pozlaćeno** póslatcheno

Körperpflege

allergiegetestet	**dermatološki ispitano** dermatóloschki íßpitano
Babyfläschchen	**bočica za bebe** bótschitza sa bébe
Babypuder	**Babypuder**
Binden *(Damen-binden)*	**higijenski uloši** chígijenßki úloschtzi
Bürste	**četka** tschétka
Deo	**dezodoran** desodóran
Duschgel	**gel za tuširanje** gel sa túschiranje
feuchte Tücher	**vlažne maramice** wláschne máramitze
Haargel	**gel za kosu** gel sa kóßu
Haargummi	**gumica za kosu** gúmitza sa kóßu
Haarklammern	**kopča za kosu** kóptscha sa kóßu
Haarspange	**španga za kosu** schpánga sa kóßu
Haarspray	**lak za kosu** lak sa kóßu
Handcreme	**krema za ruke** kréma sa rúke
Kajalstift	**olovka za oči** ólowka sa ótschi

Kamm	**češalj** tschéschalj
Kondome	**prezervativi** preserwatíwi
Körperlotion	**losion za tijelo** loßíon sa tijélo
Kosmetiktücher	**papirnate kozmetičke maramice** papírnate kosmetítschke máramitze
Lichtschutzfaktor	**faktor zaštite od sunca** fáktor sáschtite od ßúntza
Lidschatten	**sjenilo za kapke** ßjénilo sa kápke
Lippenpflegestift	**ruž za njegu usni** rusch sa njégu úschni
Lippenstift	**ruž za usne** rusch sa úschne
Mückenschutz	**sredstvo protiv komaraca** ßrédßtwo prótiw komáratza
Nachtcreme	**noćna krema** nótschna kréma
Nagelbürste	**četkica za nokte** tschétkitza sa nókte
Nagelfeile	**turpijica za nokte** túrpijitza sa nókte
Nagellack	**lak za nokte** lak sa nókte
Nagellackentferner	**odstranjivač laka za nokte** odßtranjíwatsch láka sa nókte
Nagelschere	**škarice za nokte** schkáritze sa nókte
Papiertaschentücher	**papirnate maramice** papírnate márami
Parfüm	**parfem** párfem
parfümfrei	**bez parfema** bes parféma
Pflaster	**flaster** fláßter
Pinzette	**pinceta** pintzéta
Rasierklinge	**žilet** schilét
Rasierschaum	**pjena za brijanje** pjéna sa bríjanje
Reinigungsmilch	**mlijeko za čišćenje** mlijéko sa tschíschtchenje
Rouge	**rumenilo** ruménilo
Sauger	**duda (za bočicu)** dúda (sa bótschitzu)
Schaumfestiger	**pjena za učvršćivanje** pjéna sa utschwrschtchíwanje
Schnuller	**duda (varalica)** dúda (wáralitza)
Seife	**sapun** ßápun

Shampoo .... **šampon** schámpon
Sonnencreme .... **krema za sunčanje** kréma sa ßúntschanje
Sonnenmilch .... **mlijeko za sunčanje**
mlijéko sa ßúntschanje
Spiegel .... **ogledalo** oglédalo
Tagescreme .... **dnevna krema** dnéwna kréma
Tampons .... **tamponi** tampóni
Toilettenpapier .... **toaletni papir** toalétni pápir
Waschlappen .... **krpa za pranje** kŕpa sa pránje
Waschmittel .... **prašak za rublje** práschak sa rúblje
Watte .... **vata** wáta
Wattestäbchen .... **štapići za čišćenje ušiju**
schtápitchi sa tschíschtchenje úschiju
Wimperntusche .... **maskara** máßkara
Zahnbürste .... **četkica za zube** tschétkitza sa súbe
elektrische Zahn- .... **električna četkica za zube**
bürste eléktritschna tschétkitza sa súbe
Zahnpasta .... **pasta za zube** páßta sa súbe
Zahnseide .... **svila za zube** ßwíla sa súbe
Zahnstocher .... **čačkalica** tschátschkalitza

Haushalt

Adapter .... **adapter** adápter
Alufolie .... **aluminijska folija** alumínijßka fólija
Batterie .... **baterija** batérija
Besen .... **metla** métla
Brennspiritus .... **špirit za gorenje** schpírit sa górenje
Bügeleisen .... **glačalo** glátschalo
Dosenöffner .... **otvarač za limenke** otwáratsch sa límenke
Eimer .... **kanta** kánta
Feuerzeug .... **upaljač** upáljatsch
Flaschenöffner .... **otvarač za boce** otwáratsch sa bótze

Fleckenentferner	**odstranjivač mrlja**
	odßtranjíwatsch mŕlja
Föhn	**fen za kosu** fen sa kóßu
Frischhaltefolie	**celofan folija (za namirnice)**
	tzelófan-fólija (sa námirnitze)
Gabel	**vilica** wílitza
Glühlampe	**žarulja** ᶊchárulja
Glas	**čaša** tscháscha
Grillanzünder	**upaljač za roštilj** upáljatsch sa róschtilj
Grillkohle	**ugljen za roštilj** úgljen sa róschtilj
Insektenspray	**sprej protiv insekata**
	ßprej prótiw ínßekata
Kerzen	**svijeće** ßwijétche
Korkenzieher	**vadičep** wáditschep
Küchenrolle	**kuhinjski papir** kúchinjßki pápir
Kühltasche	**hladnjak torba** chládnjak tórba
Löffel	**žlica** ᶊchlítza
Messer	**nož** noᶊch
Moskitospirale	**spirala za komarce** ßpirála sa komártze
Nähgarn	**konac za šivanje** kónatz sa schíwanje
Nähnadel	**šivaća igla** schíwatcha ígla
Pfanne	**tava** táwa
Plastikbecher	**plastična čaša** pláßtitschna tscháscha
Plastikbesteck	**plastični pribor za jelo**
	pláßtitschni príbor sa jélo
Rasierapparat	**aparat za brijanje** apárat sa bríjanje
Reinigungsmittel	**sredstvo za čišćenje**
	ßrédßtwo sa tschíschtchenje
Plastikteller	**plastični tanjur** pláßtitschni tánjur
Schere	**škare** schkáre
Servietten	**salveti** ßalwéti
Sicherheitsnadel	**ziherica** sícheritza
Spülmittel	**sredstvo za pranje suđa**
	ßrédßtwo sa pránje ßúdja

Spültuch	**krpa za pranje suđa** kŕpa sa pránje ßúdja
Streichhölzer	**šibice** schíbitze
Taschenlampe	**džepna lampa** dschépna lámpa
Taschenmesser	**džepni nož** dschépni nosch
Taschenrechner	**digitron** dígitron
Tasse	**šalica** schálitza
Tauchsieder	**grijač za tekućinu** gríjatsch sa tekútchinu
Teller	**tanjur** tánjur
Thermosflasche	**termos boca** térmoß bótza
Topf	**lonac** lónatz
Verlängerungsschnur	**produžni kabel** próduschni kábel
Wäscheklammern	**kvačice za rublje** kwátschitze sa rúblje
Wäscheleine	**uže za vješanje rublja** úsche sa wjéschanje rúblja
Waschpulver	**prašak za rublje** práschak sa rúblje
Wasserkocher	**kuhalo za vodu** kúchalo sa wódu
Wecker	**budilica** búdilitza
Wischlappen	**krpa za brisanje** kŕpa sa bríßanje

Optiker

Meine Brille ist kaputt.	**Naočale su mi slomljene.** náotschale ßu mi ßlómljene.
Können Sie das reparieren?	**Možete li ovo popraviti?** móschete li ówo póprawiti?
Ich möchte eine Sonnenbrille.	♂ **Htio** / ♀ **Htjela bih naočale za sunce.** ♂ chtío / ♀ chtjéla bich náotschale sa ßúntze.
Ich brauche Eintageslinsen.	**Trebam jednokratne leće.** trébam jédnokratne létche.

Ich bin ...	... sam. ... ßam.
... kurzsichtig.	... ♂ Kratkovidan / ♀ Kratkovidna
	... ♂ krátkowidan / ♀ krátkowidna
... weitsichtig.	... ♂ Dalekovidan / ♀ Dalekovidna
	... ♂ dálekowidan / ♀ dálekovidna

Das könnten Sie hören:

◄Imate li iskaznicu o jačini ...
ímate li íßkasnitzu o jatschíni ...

Haben Sie einen ...

... naočala?   ... Brillenpass?
... náotschala?

... leća? ... létcha?   ... Kontaktlinsenpass?

◄Koju dioptriju nosite?   Wie viel Dioptrien haben Sie?
kóju dióptriju nóßite?

Ich habe links ...   Lijevo imam dioptriju ..., a desno
Dioptrien und   dioptriju ...
rechts ... Dioptrien.   lijéwo ímam dióptriju ..., a déßno
                             dióptriju ...

Ich habe eine   ♂ Izgubio / ♀ Izgubila sam kontaktnu
Kontaktlinse   leću.
verloren.   ♂ isgúbio / ♀ isgúbila ßam kóntaktnu
                             létchu.

Ich habe eine   ♂ Slomio / ♀ Slomila sam kontaktnu
Kontaktlinse kaputt   leću.
gemacht.   ♂ ßlómio / ♀ slómila ßam kóntaktnu
                             létchu.

Ich brauche Aufbewahrungslösung für ... Kontaktlinsen.	**Trebam tekućinu za čuvanje ... kontaktnih leća.** trébam tekútchinu sa tschúwanje ... kóntaktnich létcha.
... harte	**... tvrdih** ... twŕdich
... weiche	**... mekih** ... mékich
Ich brauche Reinigungslösung für ... Kontaktlinsen.	**Trebam tekućinu za čišćenje ... kontaktnih leća.** trébam tekútchinu sa tschíschtchenje ... kóntaktnich létcha.
... harte	**... tvrdih** ... twŕdich
... weiche	**... mekih** ... mékich

Fotoartikel

Ich hätte gern ...	♂ **Htio / ♀ Htjela bih ...** ♂ chtío / ♀ chtjéla bich ...
... eine Speicherkarte.	**... memorijsku karticu.** ... memórijßku kártitzu.
... einen USB-Stick.	**... USB-stik.** ... u eß be-ßtik.
... einen Diafilm.	**... film za dijapozitive.** ... film sa dijapósitiwe.
... einen Film mit ... ASA.	**... film sa ... ASA.** ... film ßa ... áßa.
Ich brauche ... für diesen Apparat.	♂ **Htio / ♀ Htjela bih ... za ovaj aparat.** ♂ chtío / ♀ chtjéla bich ... sa ówaj apárat.
... Batterien	**... baterije** ... batérije
... Akkus	**... baterije** ... báterije

Kann ich hier Fotos ausdrucken?	**Mogu li ovdje isprintati slike?** mógu li ówdje ißpríntati ßlíke?
Die Abzüge bitte ...	**Slike, molim vas, ...** ßlíke, mólim waß, ..
... matt.	**... mat.** ... mat.
... glänzend.	**... sjajne.** ... ßjájne.
... im Format 9 × 13.	**... u formatu devet sa trinaest.** ... u formátu déwet ßa trínaeßt.
... im Format 10 × 15.	**... u formatu deset sa petnaest.** ... u formátu déßet ßa pétnaeßt.
Wann sind die Bilder fertig?	**Kada će slike biti gotove?** káda tche ßlíke bíti gótove?
Können Sie die Bilder von meiner Kamera auf ... brennen?	**Možete li spržiti slike s moje kamere na** móschete li ßpr̲s̲c̲hiti ßlíke ß móje kámere na ...
... CD	**... CD.** ... tze-de.
... DVD	**... DVD.** ... de-we-de.
Ich möchte gerne Passbilder machen lassen.	♂ **Željeo / ♀ Željela bih napraviti slike za putovnicu.** ♂ s̲c̲héljeo / ♀ s̲c̲héljela bich nápraviti ßlíke ßa putównitzu.
Können Sie meinen Fotoapparat reparieren?	**Možete li mi popraviti fotoaparat?** móschete li mi póprawiti fóto-apárat?
Der Auslöser funktioniert nicht.	**Okidač ne radi.** okídatsch ne rádi.
Das Blitzlicht funktioniert nicht.	**Blic ne radi.** blitz ne rádi.

Weitere Wörter

Akkus	**baterije** batérije
Batterien	**baterije** batérije
Bild	**slika** ßlíka
Blitz	**blic** blitz
Camcorder	**kemkorder** kémkorder
Digitalkamera	**digitalna kamera** dígitalna kámera
drucken	**isprintati** ißpríntati
DVD	**DVD** de we de
Empfindlichkeit	**osjetljivost** oßjétljiwoßt
filmen	**snimati** ßnímati
Filmkamera	**filmska kamera** fílmßka kámera
Filter	**filter** fílter
Fototasche	**torba za foto aparat** tórba sa fóto apárat
Ladegerät	**punjač** púnjatsch
Objektiv	**objektiv** objéktiw
Selbstauslöser	**samookidač** ßámookídatsch
Speicherkarte	**memorijska kartica** memórijßka kártitza
Speicherkarten-lesegerät	**čitač za memorijske kartice** tschítatsch sa memórijßke kártitze
Spiegelreflexkamera	**SLR-kamera** éßélér-kámera
Stativ	**stativ** ßtátiw
Teleobjektiv	**teleobjektiv** teleobjéktiw
USB-Stick	**USB-stik** u-eß-be-ßtik
UV-Filter	**UV filter** u we fílter
Verbindungskabel	**produživač produschíwatsch** produschíwatsch
Videokamera	**video-kamera** wídeo-kámera
Weitwinkelobjektiv	**širokokutni objektiv** schírokokutni objéktiw
Zoomobjektiv	**objektiv sa zumom** objéktiw ßa súmom

Souvenirs

Ich möchte …	♂ Htio / ♀ Htjela bih …
	♂ chtío / ♀ chtjéla bich …
… ein hübsches Andenken.	… jedan zgodan suvenir.
	… jédan sgódan ßuwénir.
… ein Geschenk.	… jedan poklon. … jédan póklon.
… etwas Typisches aus dieser Gegend.	… nešto tipično za ovaj kraj.
	… néschto típitschno sa ówaj kraj.
Ist das Handarbeit?	Je li ovo ručni rad?
	jéli ówo rútschni rad?
Ist das …	Je li ovo … jéli ówo …
… antik?	… antičko? … ántitschko?
… echt?	… pravo? … práwo?

Weitere Wörter

Andenken	suvenir ßuwénir
antik	antički ántitschki
Antiquität	antikvitet antikwítet
Baskenmütze	francuska kapa frántzußka kápa
Becher	lončić lóntschitch
Decke	deka déka
Geschirr	posuđe póßudje
Gürtel	remen rémen
Gürtel *(Stoffgürtel)*	pojas pójaß
Handarbeit	ručni rad rútschni rad
handgemalt	bojano (slikano) rukom
	bójano (ßlíkano) rúkom
Handtasche	ručna torbica rútschna tórbitza
Kanne	čajnik tschájnik

Keramik	**keramika** kerámika
Kräuter der Provence	**biljni začini Provanse**
	bíljni sátschini prowánße
Kunsthandwerk	**umjetnički ručni rad**
	úmjetnitschki rútschni rad
Lavendel	**lavanda** lawánda
Leder	**koža** kóscha
Schmuck	**nakit** nákit
Schüssel	**zdjela** sdjéla
Seidentuch	**svilena marama** ßwílena márama
Spitze	**čipka** tschípka
Steingut	**keramika** kerámika
Tasse	**šalica** schálitza
Terrakotta	**pečena glina** pétschena glína
Tischdecke	**stolnjak** ßtólnjak
Töpferware	**keramički predmeti**
	kerámitschki prédmeti
Trinkschale	**zdjelica za vodu** sdjélitza sa wódu
Vase	**vaza** wása
Zertifikat	**certifikat** tzertifíkat

Musik

Haben Sie CDs von ...?	**Imate li CD-e od ...?**
	ímate li tze-dée od ...?
Ich hätte gerne eine CD mit traditioneller kroatischer Musik.	♂ **Željeo** / ♀ **Željela bih CD s izvornom hrvatskom glazbom.**
	♂ schéljeo / ♀ schéljela bich tze de ßíswornom hŕwatßkom glásbom.
Kann ich mir das anhören?	**Mogu li to poslušati?**
	mógu li to póßluschati?

Ich möchte ... kaufen.	♂ Htio / ♀ Htjela bih kupiti ...
	♂ chtío / ♀ chtjéla bich kúpiti ...
... Kopfhörer	... slušalice. ... ßlúschalitze.
... einen MP3-Player	... MP3-player. ... em-pe-tri pléjer.

Weitere Wörter

CD	CD tze de
Kopfhörer	slušalice ßlúschalitze
MP3-Player	MP3-player em pe tri-pléjer
Musik	glazba glásba
Radio	radio rádio
USB-Stick	USB-stik u-eß-be-ßtik

Schreibwaren & Tabakwaren

Ich hätte gerne ...	♂ Željeo / ♀ Željela bih ...
	♂ s̱chéljeo / ♀ s̱chéljela bich ...
... eine (deutsche) Zeitung.	... (njemačke) novine.
	... (njématschke) nówine.
... eine (deutsche) Zeitschrift.	... (njemački) časopis.
	... (njématschki) tscháßopiß.
... eine Karte der Umgebung.	... zemljopisnu kartu okolice.
	... sémljopißnu kártu ókolitze.
... einen Stadtplan.	... plan grada. ... plan gráda.
Haben Sie auch eine neuere Zeitung?	Imate li i novine novijeg datuma?
	ímate li i nówine nówijeg dátuma?
Haben Sie deutsche Bücher?	Imate li njemačke knjige?
	ímate li njématschke knjíge?

Eine Schachtel Zigaretten ... Filter, bitte.	**Molim vas kutiju cigareta ...** mólim waß kútiju tzigaréta ...
... mit	**... s filterom.** ... ß fílterom.
... ohne	**... bez filtera.** ... bes fíltera.
Eine Schachtel ..., bitte.	**Molim vas kutiju ...** mólim waß kútiju ...
Eine Stange ..., bitte.	**Molim vas šteku ...** mólim waß schtéku ...
Ein Päckchen ..., bitte.	**Molim vas paketić duhana za ...** mólim wa, pakétitch duchána sa ...
... Pfeifentabak	**... lulu.** ... lúlu.
... Zigarettentabak	**... cigarete.** ... tzigaréte.
Ein Feuerzeug, bitte.	**Molim vas jedan upaljač.** mólim waß jédan upáljatsch.
Einmal Streichhölzer, bitte.	**Molim vas jednu kutiju šibica.** mólim waß jédnu kútiju schíbitza.

Weitere Wörter

Ansichtskarte	**razglednica**	rásglednitza
Bleistift	**olovka**	ólowka
Briefpapier	**papir za pismo**	pápir sa píßmo
Briefumschlag	**omotnica**	ómotnitza
Filzstift	**flomaster**	flómaßter
Illustrierte	**ilustrirani časopis**	ilúßtrirani tscháßopiß
Klebeband	**ljepljiva traka**	ljépljiwa tráka
Klebstoff	**ljepilo**	ljépilo
Kochbuch	**knjiga kuharica**	knjíga kúcharitza
Krimi	**krimić**	krímitch
Kugelschreiber	**kemijska olovka**	kémijßka ólowka

Papier	**papir** pápir
Pfeife	**lula** lúla
Pfeifenreiniger	**četkica za čišćenje lule**
	tschétkitza sa tschíschtchenje lúle
Radiergummi	**brisalo** bríßalo
Radtourenkarte	**karta s biciklističkim stazama**
	kárta ßbitziklíßtitschkim ßtásama
Reiseführer	**turistički vodič** turíßtitschki wóditsch
Roman	**roman** róman
Schreibblock	**blok za pisanje** blok sa píßanje
Spielkarten	**igraće karte** ígratche kárte
Spitzer	**šiljarka** schíljarka
Straßenkarte	**auto-karta** áuto-kárta
Tabak	**duhan** dúchan
Wanderkarte	**zemljopisna karta sa stazama za**
	pješaćenje
	sémljopißna kárta ßa ßtásama sa
	pjeschátchenje
Wörterbuch	**rječnik** rjétschnik
Zigaretten	**cigarete** tzigaréte
Zigarillos	**cigarilosi** tzigaríloßi
Zigarren	**cigare** tzigáre

Aktivitäten

... die wichtigsten Sätze

Wo geht es zum Strand?
Kako se dođe do plaže?
káko ße dódje do plásche?

Darf man hier baden?
Smije li se ovdje kupati?
ßmíje li ße ówdje kúpati?

Ist es für Kinder gefährlich?
Je li to opasno za djecu?
jéli to ópaßno sa djétzu?

Ich möchte einen Liegestuhl ausleihen.
▸ Baden, S. 166
♂ **Htio** / ♀ **Htjela bih unajmiti ležaljku.**
♂ chtío / ♀ chtjéla bich unájmiti léschaljku.

Darf ich mitspielen?
Smijem li igrati s vama?
▸ Spiele, S. 172
ßmíjem li ígrati ßwáma?

Ich möchte nach ... wandern.
♂ **Htio** / ♀ **Htjela bih pješačiti do ...**
♂ chtío / ♀ chtjéla bich pjeschátschiti
do ...

Können Sie mir eine leichte Tour empfehlen?
Da li mi možete preporučiti jednu laku turu?
dáli mi móschete preporútschiti jédnu láku túru?

Ist der Weg gut markiert?
Je li put dobro označen?
jéli put dóbro óßnatschen?

Wie weit ist es noch bis ...?

▸ *Wandern & Trekking,*
S. 174

Koliko još ima do ...?
kóliko josch íma do ...?

Ich möchte ein Fahrrad mieten.

♂ **Htio / ♀ Htjela bih unajmiti bicikl.**
♂ chtío / ♀ chtjéla bich unájmiti bitzíkl.

Ich möchte es für einen Tag mieten.

▸ *Rad fahren, S. 176*

♂ **Htio / ♀ Htjela bih ga unajmiti na jedan dan.**
♂ chtío / ♀ chtjéla bich ga unájmiti na jédan dán.

Wie viel kostet der Eintritt?

Koliko košta ulaz?
kóliko kóschta úlas?

Eine Karte bitte.

Jednu kartu, molim.
jédnu kártu, mólim.

Darf man fotografieren?

▸ *Besichtigungen, S. 181*

Smije li se fotografirati?
ßmíje li ße fotografírati?

Wann beginnt die Vorstellung?

▸ *Theater, Kino, Musik,*
S. 187

Kada počinje predstava?
káda pótschinje prédßtawa?

Gibt es hier eine nette Kneipe?

Ima li tu neka zgodna gostionica?
íma li tu néka sgódna goßtiónitza?

Ist hier noch frei?

▸ *Ausgehen, S. 189*

Je li ovo mjesto još slobodno?
jéli ówo mjéßto josch ßlóbodno?

Baden

Wo geht es zum Strand?	**Kako se dođe do plaže?** kȁko ße dódje do plásche?
Darf man hier baden?	**Smije li se ovdje kupati?** ßmíje li ße ȍwdje kúpati?
Gibt es hier Strömungen?	**Ima li ovdje struja?** íma li ȍwdje ßtrúja?
Ist es für Kinder gefährlich?	**Je li to opasno za djecu?** jéli to ópaßno sa djétzu?
Wann ist ...	**Kada je ...** kȁda je ...
... Ebbe?	**... oseka?** ... óßeka?
... Flut?	**... plima?** ... plíma?
Gibt es hier Quallen?	**Ima li ovdje meduza?** íma li ȍwdje medúsa?
Ich möchte ... ausleihen.	**♂ Htio / ♀ Htjela bih unajmiti ...** ♂ chtío / ♀ chtjéla bich unájmiti ...
... einen Liegestuhl	**... ležaljku.** ... léschaljku.
... einen Sonnenschirm	**... suncobran.** ... ßúntzobran.
... ein Boot	**... čamac.** ... tschámatz.
Können Sie kurz auf meine Sachen aufpassen?	**Možete li na trenulak pripaziti na moje stvari?** móschete li na trenútak prípasiti na móje ßtwári?
Kann man mit einem Fischerboot mitfahren?	**Može li se ploviti u ribarskom čamcu?** mósche li ße plówiti u ríbarßkom tschámtzu?

Ich möchte einen ... machen.	♂ **Htio / ♀ Htjela bih ići na ...** ♂ chtío / ♀ chtjéla bich ítchi na ...
... Tauchkurs	... **tečaj ronjenja.** ... tétschaj rónjenja.
... Windsurfkurs	... **tečaj jedrenja na dasci.** ... tétschaj jédrenja na dáßtzi.
Wie viel kostet es pro ...	**Koliko to košta po ...** kóliko to kóschta po ...
... Stunde?	... **satu?** ... ßátu?
... Tag?	... **danu?** ... dánu?
Gibt es hier ein ...	**Ima li ovdje ...** íma li ówdje ...
... Freibad?	... **bazen na otvorenom?** ... básen na ótworenom?
... Hallenbad?	... **bazen u zatvorenom?** ... básen u sátworenom?
Gibt es auch ein Kinderbecken?	**Ima li i bazen za djecu?** íma li i básen sa djétzu?
Welche Münzen brauche ich für das Schließfach?	**Koju vrstu kovanica trebam za pretinac za zaključavanje?** kóju wŕßtu kowánitza trébam sa prétinatz sa sakljutscháwanje?
Ich möchte ... kaufen.	♂ **Htio / ♀ Htjela bih kupiti ...** ♂ chtío / ♀ chtjéla bich kúpiti ...
... eine Badekappe	... **kapu za kupanje.** ... kápu sa kúpanje.
... eine Schwimm-brille	... **naočale za plivanje.** ... náotschale sa plíwanje.
... ein Handtuch	... **ručnik.** ... rútschnik.

Wo sind die ...	**Gdje su ...** gdje ßu ...
... Duschen?	**... tuševi?** ... túschewi?
... Umkleidekabinen?	**... svlačionice?** ... ßwlatschiónitze?
Wo ist ...	**Gdje je ...** gdje je ...
... der Bademeister?	**... čuvar bazena?** ... tschúwar baséna?
... die Erste-Hilfe-Station?	**... stanica prve pomoći?** ... ßtánitza pŕwe pómotchi?

Weitere Wörter

baden	**kupati se** kúpati ße
Bootsverleih	**iznajmljivanje čamaca** isnajmljíwanje tschámatza
Dusche	**tuš** tusch
FKK-Strand	**nudistička plaža** nudíßtitschka pláscha
Luftmatratze	**zračni madrac** srátschni mádratz
Meer	**more** móre
Motorboot	**motorni čamac** mótorni tschámatz
Muscheln	**školjke** schkóljke
Nichtschwimmer	**neplivač** neplíwatsch
Rettungsring	**pojas za spašavanje** pójaß sa ßpascháwanje
Ruderboot	**čamac na vesla** tschámatz na wéßla
Sand	**pijesak** pijéßak
Sandstrand	**pješčana plaža** pjéschtschana pláscha
Schatten	**sjena** ßjéna
Schlauchboot	**gumeni čamac** gúmeni tschámatz
Schnorchel	**dihalica** díchalitza
Schwimmbad	**bazen** básen
schwimmen	**plivati** plíwati

Schwimmflossen	**peraje za plivanje** peráje sa plíwanje
Schwimmflügel	**narukvice za plivanje**
	nárukwitze sa plíwanje
See	**jezero** jésero
Seeigel	**morski jež** mórßki jesch
Segelboot	**jedrilica** jédrilitza
segeln	**jedriti** jédriti
Sonne	**sunce** ßúntze
Sonnenbrille	**sunčane naočale**
	ßúntschane náotschale
Sonnencreme	**krema za sunčanje**
	kréma sa ßúntschanje
Spielwiese	**igralište** ígralischte
Sprungbrett	**daska za skakanje** dáßka sa ßkákanje
Strandbad	**plaža** pláscha
Sturmwarnung	**upozorenje na oluju**
	uposorénje na óluju
Surfbrett	**daska za jedrenje** dáßka sa jédrenje
tauchen	**roniti** róniti
Taucheranzug	**ronilačko odijelo** rónilatschko odijélo
Taucherausrüstung	**ronilačka oprema**
	rónilatschka óprema
Taucherbrille	**naočale za ronjenje**
	náotschale sa rónjenje
Tretboot	**pedalino** pedalíno
Umkleidekabine	**kabina za presvlačenje**
	kabína sa preßwlátschenje
Wasser	**voda** wóda
Wasserball	**vaterpolo** wáterpolo
Wasserski	**skijanje na vodi** ßkíjanje na wódi
Welle	**val** wal
Wellenbad	**bazen s uzburkanom vodom**
	básen ßúsburkanom wódom
windsurfen	**jedriti na dasci** jédriti na dáßtzi

Wellness

Gibt es hier ...	**Ima li ovdje ...** íma li ówdje ...
... eine Therme?	**... termalne toplice?** ... térmalne tóplitze?
... eine Sauna?	**... sauna?** ... ßáuna?
... ein Fitnessstudio?	**... fitness?** ... fítnis?
Ich hätte gerne einen Termin für ...	♂ **Htio** / ♀ **Htjela bih se naručiti za ...** ♂ chtío / ♀ chtjéla bich ße narútschiti sa .
Machen Sie ...	**Nudite li ...** núdite li ...
... Gesichtsmassagen?	**... masaže lica?** ... maßásche lítza?
... Lymphdrainagen?	**... limfne drenaže?** ... límfne drenásche?
Ich hätte gerne eine Gesichtsbehandlung.	♂ **Željeo** / ♀ **Željela bih tretman lica.** ♂ schéljeo / ♀ schéljela bich trétman lítza
Ich habe ...	**Imam ...** ímam ...
... normale Haut.	**... normalnu kožu.** ... nórmalnu kóschu.
... fettige Haut.	**... masnu kožu.** ... máßnu kóschu.
... trockene Haut.	**... suhu kožu.** ... ßúchu kóschu.
... Mischhaut.	**... mješovitu kožu.** ... mjeschówitu kósch
... empfindliche Haut.	**... osjetljivu kožu.** ... oßjétljiwu kóschu.
Ich möchte mir die ... färben lassen.	♂ **Željeo** / ♀ **Željela bih dati obojiti ...** ♂ schéljeo / ♀ schéljela bich dáti obójiti
... Wimpern	**... trepavice.** ... trépawitze.
... Augenbrauen	**... obrve.** ... óbrwe.
Bitte eine ...	**Molim vas ...** mólim waß ...
... Maniküre.	**... manikuru.** ... mánikuru.
... Pediküre.	**... pedikuru.** ... pédikuru.

Weitere Wörter

Akupunktur	**akupunktura** akupunktúra
Algenbad	**kupka s algama** kúpka ß álgama
Aromaöl	**aromatično ulje** aromátitschno úlje
Ayurveda	**Ayurveda** ajurwéda
Dampfbad	**parna kupelj** párna kúpelj
Dekolleté	**dekolte** dekolté
Entschlackung	**pročišćavanje** protschíschtchawanje
Fango	**fango blato** fángo bláto
Feuchtigkeitsmaske	**vlažna maska za lice** wláschna máßka sa lítze
Fußreflexzonen-massage	**refleksna masaža stopala** réflekßna maßáscha ßtópala
Gesicht	**lice** lítze
Hals	**vrat** wrat
Hautdiagnose	**dijagnoza kože** dijagnósa kósche
Heubad	**kupka od sijena** kúpka od ßijéna
Kaltwasser-anwendungen	**terapija s hladnom vodom** terápija ß chládnom wódom
Maske	**maska** máßka
Massage	**masaža** maßáscha
Meditation	**meditiranje** meditíranje
Packung	**pakovanje** pákowanje
Peeling	**peeling** píling
Reinigung	**čišćenje** tschíschtchenje
Sauna	**sauna** ßáuna
Schlammbad	**blatna kupelj** blátna kúpelj
Solarium	**solarij** ßolárij
Thermalbad	**termalna kupelj** térmalna kúpelj
Wechselbäder	**toplo-hladne kupke** tóplo-chládne kúpke
Whirlpool	**whirlpool** wírlpul
Yoga	**yoga** jóga

Spiele

Darf ich mitspielen?	Smijem li igrati s vama? ßmíjem li ígrati ßwáma?
Wir hätten gern einen Squashcourt für eine halbe Stunde.	Željeli bismo teren za squash na pola sata vremena. schéljeli bíßmo téren sa ßkwósch na póla ßáta wrémena.
Wir hätten gern einen ... für eine Stunde.	Željeli bismo ... na sat vremena. schéljeli bíßmo ... na ßat wrémena.
... Tennisplatz	... teren za tenis ... téren sa téniß
... Badmintonplatz	... teren za badminton ... téren sa bádminton
Wo kann man hier ... spielen?	Gdje su tu može ... gdje ße tu mósche ...
... Bowling	... kuglati? ... kúglati?
... Billard	... igrati biljar? ... ígrati bíljar?
Ich möchte ... ausleihen.	♂ Htio / ♀ Htjela bih unajmiti ... ♂ chtío / ♀ chtjéla bich unájmiti ...
Haben Sie ...	Imate li ... ímate li ...
... Spielkarten?	... karte za kartanje? ... kárte sa kártanje?
... Gesellschafts-spiele?	... društvene igre? ... drúschtwene ígre?
Können wir ein Schachspiel ausleihen?	Možemo li unajmiti šah? móschemo li unájmiti schach?

Weitere Wörter

Badminton	**badminton** bádminton
Ball	**lopta** lópta
Basketball	**košarka** kóscharka
Beachvolleyball	**odbojka na pijesku** ódbojka na pijéßku
Federball *(Spiel)*	**badminton** bádminton
Fußball *(Ball)*	**nogometna lopta** nógometna lópta
Fußballplatz	**nogometno igralište** nógometno ígralischte
Fußballspiel	**nogometna utakmica** nógometna útakmitza
gewinnen	**pobijediti** pobijéditi
Golf	**golf** golf
Golfplatz	**igralište za golf** ígralischte sa golf
Handball	**rukomet** rúkomet
Kegelbahn	**kuglana** kuglána
Minigolfplatz	**igralište za mini-golf** ígralischte sa míni-golf
Schiedsrichter	**sudac** ßúdatz
Sieg	**pobjeda** póbjeda
Spiel	**igra** ígra
spielen	**igrati (se)** ígrati (ße)
Spielplatz	**igralište** ígralischte
Squash	**squash** ßkwosch
Tennis	**tenis** téniß
Tischtennis	**stolni tenis** ßtólni téniß
Tor	**vrata** wráta
Tor *(Treffer)*	**pogodak** pógodak
Torwart	**vratar** wrátar
unentschieden	**nerešeno** nérjescheno
verlieren	**izgubiti** isgúbiti
Volleyball	**odbojka** ódbojka

Wandern & Trekking

Ich möchte nach ... wandern.
♂ Htio / ♀ Htjela bih bih pješačiti do ...
♂ chtío / ♀ chtjéla bich pjeschátschiti do ...

Ich möchte auf den ... steigen.
♂ Htio / ♀ Htjela bih se uspeti na ...
♂ chtío / ♀ chtjéla bich ße úßpeti na ...

Können Sie mir eine ... Tour empfehlen?
Da li mi možete preporučiti jednu ... turu
dáli mi móßchete preporútschiti jédnu ... túru?

... leichte
... laku   ... láku

... mittelschwere
... srednje tešku   ... ßrédnje téschku

Wie lange dauert sie ungefähr?
Koliko dugo od prilike traje?
kóliko dúgo od prílike tráje?

Ist der Weg gut ...
Je li put dobro ...   jéli put dóbro ...

... markiert?
... označen?   ... óßnatschen?

... gesichert?
... osiguran?   ... óßiguran?

Kann man unterwegs einkehren?
Ima li na putu neka gostionica?
íma li na pútu néka goßtiónitza?

Kann ich in diesen Schuhen gehen?
Mogu li ići u ovim cipelama?
mógu li ítchi u ówim tzípelama?

Gibt es geführte Touren?
Ima li tura s vodičem?
íma li túra ßwodítschem?

Um wie viel Uhr fährt die letzte Bahn hinunter?
U koliko sati se spušta posljednja žičara
u kóliko ßáti ße ßpúschta póßljednja ßchítschara?

Sind wir auf dem richtigen Weg nach ...?	**Jesmo li na pravom putu za ...?** jéßmo li na práwom pútu sa ...?
Wie weit ist es noch bis ...?	**Koliko još ima do ...?** kóliko josch íma do ...?

Weitere Wörter

Berg	**brdo** bŕdo
Bergführer	**vodič za planinarenje** wóditsch sa planinárenje
Bergschuhe	**planinarske cipele** planínarßke tzípele
Bergsteigen	**planinarstvo** planínarßtwo
Bergwacht	**planinarska straža** planínarßka ßtrásча
Gipfel	**vrh** wrch
Hütte	**koliba** kóliba
joggen	**đogirati** djogírati
Jogging	**đogging** djóging
klettern	**penjati se** pénjati ße
Proviant	**užina** úscхina
Schlucht	**klanac** klánatz
Schutzhütte	**sklonište** ßklónischte
schwindelfrei sein	**biti bez vrtoglavice** bíti bes wrtóglawitze
Seil	**uže** úscхe
Seilbahn	**žičara** sчítschara
Sessellift	**žičara sa sjedalicama** sчitschara ßa ßjédalitzama
Steigeisen	**klin za planinarenje** klin sa planinárenje
Teleskopstöcke	**teleskopski štapovi** téleßkopßki schtápowi

Wanderkarte	**zemljopisna karta s pješačkim stazama**
	sémljopißna kárta ßpjéschatschkim ßtásama
wandern	**pješačiti** pjeschátschiti
Wanderschuhe	**cipele za pješačenje**
	tzípele sa pjeschátschenje
Wanderweg	**put za pješačenje** pút sa pjeschátschenje

Rad fahren

Ich möchte ein … mieten.	♂ **Htio / ♀ Htjela bih unajmiti …**
	♂ chtío / ♀ chtjéla bich unájmiti …
… Fahrrad	**… bicikl.** … bitzíkl.
… Mountainbike	**… MTB bicikl.** … em te be bitzíkl.
Ich hätte gern ein Fahrrad mit … Gängen.	♂ **Željeo / ♀ Željela bih bicikl s … brzina**
	♂ schéljeo / ♀ schéljela bich bitzíkl ß … brsína.
Haben Sie auch ein Fahrrad mit Rücktritt?	**Imate li i bicikl s nožnom kočnicom?**
	ímate li i bitzíkl ßnóschnom kótschnitzom?
Ich möchte es für … mieten.	♂ **Htio / ♀ Htjela bih ga unajmiti na …**
	♂ chtío / ♀ chtjéla bich ga unájmiti na …
… einen Tag	**… jedan dan.** … jédan dán.
… zwei Tage	**… dva dana.** … dwa dána.
… eine Woche	**… tjedan dana.** … tjédan dána.
Bitte stellen Sie mir die Sattelhöhe ein.	**Možete li mi podesiti visinu sjedala.**
	móschete li mi pódeßiti wißínu ßjédala.

Bitte geben Sie mir einen Fahrradhelm.
Molim vas, dajte mi kacigu za bicikl.
mólim waß, dájte mi kátzigu sa bitzíkl.

Kann ich einen Kinderfahrradsitz ausleihen?
Mogu li unajmiti sjedalicu za dijete za bicikl?
mógu li unájmiti ßjédalitzu sa dijéte sa bitzíkl?

Haben Sie eine Fahrradkarte?
Imate li zemljopisnu kartu s biciklističkim stazama?
ímate li sémljopißnu kártu ß bitziklíßtitschkim ßtásama?

Weitere Wörter

Fahrradflickzeug	**pribor za krpanje gume na biciklu** príbor sa kŕpanje gúme na bitzíklu
Fahrradkorb	**košara za bicikl** kóschara sa bitzíkl
Handbremse	**ručna kočnica** rútschna kótschnitza
Kinderfahrrad	**dječji bicikl** djétschji bitzíkl
Kindersitz	**dječje sjedalo** djétschje ßjédalo
Licht	**svjetlo** ßwjétlo
Luftpumpe	**pumpa za zrak** púmpa sa srak
Radweg	**biciklistička staza** bitziklíßtitschka ßtása
Reifen	**vanjska guma** wánjßka gúma
Reifenpanne	**kvar na gumi** kwar na gúmi
Rücklicht	**stražnje svjetlo** ßtráschnje ßwjétlo
Sattel	**sjedalo** ßjédalo
Satteltaschen	**torbe na sjedalu** tórbe na ßjédalu
Schlauch	**unutarnja guma** únutarnja gúma
Ventil	**ventil** wéntil
Vorderlicht	**prednje svjetlo** prédnje ßwjétlo

Adventure-Sports

Ausritt	**izlazak na jahanje**	íslasak na jáchanje
Ballonfahrt	**letenje balonom**	létenje balónom
Bungee-Jumping	**bungee skokovi**	bándji ßkókowi
Drachenfliegen	**zmajarstvo**	smajárßtwo
Fallschirmspringen	**padobranstvo**	pádobranßtwo
Freeclimbing	**planinarenje slobodnim stilom**	
		planinárenje ßlóbodnim ßtílom
Gleitschirmfliegen	**letenje zmajem**	létenje smájem
Kajak	**kajak**	kájak
Kanu	**kanu**	kánu
Kitesurfen	**kitesurfing**	kájtßurfing
Rafting	**rafting**	ráfting
Regatta	**regata**	regáta
reiten	**jahati**	jáchati
Ruderboot	**čamac na vesla**	tschámatz na wéßla
Segelfliegen	**letenje jedrilicom**	létenje jédrilitzom
Segelflugzeug	**(zračna) jedrilica**	(srátschna) jédrilitza
segeln	**jedriti**	jédriti
Thermik	**termika**	térmika

Wintersport

Ich möchte einen Skipass für …	♂ **Željeo** / ♀ **Željela bih skijašku iskaznicu za …**
	♂ ßchéljeo / ♀ ßchéljela bich ßkíjaschku íßkasnitzu sa …
… einen halben Tag.	… **pola dana.** … póla dána.
… einen Tag.	… **jedan dan.** … jédan dan.
… eine Woche.	… **tjedan dana.** … tjédan dána.

178

Das könnten Sie hören:

Trebate sliku za putovnicu.
trébate ßlíku sa putównitzu.

Sie brauchen ein Passbild.

Ab wie viel Uhr gilt
der Halbtagespass?

Od koliko sati važi poludnevna iskaznica?
od kóliko ßáti wáschi póludnewna
íßkasnitza?

Ab wie viel Uhr
gehen die Lifte?

Od koliko sati voze liftovi?
od kóliko ßáti wóse líftowi?

Bis wie viel Uhr
gehen die Lifte?

Do koliko sati voze liftovi?
do kóliko ßáti wóse líftowi?

Wann ist die letzte
Talfahrt?

Kada se žičara posljednji put spušta?
káda ße schítschara pósßljednji put
ßpúschta?

Ich möchte einen
Skikurs machen.

♂ Željeo / ♀ Željela bih upisati skijaški tečaj.
♂ schéljeo / ♀ schéljela bich upíßati
ßkíjaschki tétschaj.

Ich hätte gerne
Privatunterricht.

♂ Željeo / ♀ Željela bih privatne instrukcije.
♂ schéljeo / ♀ schéljela bich príwatne
inßtrúktzije.

Ich bin Anfänger.

Početnik sam. pótschetnik ßam.

Ich bin ein mittel-
mäßiger Fahrer.

Prosječan sam vozač.
próßjetschan ßam wósatsch.

Gibt es eine Skischule
für Kinder?

Ima li škola skijanja za djecu?
íma li schkóla ßkíjanja sa djétzu?

Ich möchte ... aus-leihen.	♂ **Htio** / ♀ **Htjela bih unajmiti ...** ♂ chtío / ♀ chtjéla bich unájmiti ...
... Langlaufski	**... skije za trčanje.** ... ßkíje sa trtschanje.
... Langlaufschuhe Größe ...	**... cipele za skijaško trčanje broj ...** ... tzípele sa ßkíjaschko trtschanje broj ...
... Alpinski	**... skije.** ... ßkíje.
... Skischuhe Größe ...	**... pancerice broj ...** ... pántzeritze broj ...
... ein Snowboard	**... snowboard.** ... ßnóubord.
... Schlittschuhe Größe ...	**... klizaljke broj ...** ... klísaljke broj ...
... einen Schlitten	**... saonice.** ... ßaónitze.

Weitere Wörter

Bindung	**vezovi** wésowi
Eisstockschießen	**curling** kárling
Lawine	**lavina** láwina
Lawinengefahr	**opasnost od lavina** opáßnoßt od láwina
Loipe	**staza za skijaško trčanje** ßtása sa ßkíjaschko trtschanje
rodeln	**sanjkati se** ßánjkati ße
Schlepplift	**vučnica** wútschnitza
Schnee	**snijeg** ßnijég
Sessellift	**žičara sa sjedalicama** schítschara ßa ßjédalitzama
Skibrille	**skijaške naočale** ßkíjaschke náotschale
Skilehrer	**učitelj skijanja** útschitelj ßkíjanja
Skistöcke	**skijaški štapovi** ßkíjaschki schtápowi
Skiwachs	**vosak za skije** wóßak sa ßkíje

Besichtigungen

Wann ist ... geöffnet?	**Kada je ♂ otvoren / ♀ otvorena ...?**
	káda je ♂ ótworen / ♀ ótworena ...?
Wie viel kostet ...	**Koliko košta ...** kóliko kóschta ...
... der Eintritt?	**... ulaz?** ... úlas?
... die Führung?	**... razgledavanje s vodičem?**
	... rasgledáwanje ßwodítschem?
Gibt es auch Führungen auf Deutsch?	**Ima li i razgledavanje s vodičem na njemačkom?**
	íma li i rasgledáwanje ßwodítschem na njématschkom?
Wann beginnt die Führung?	**Kada počinje razgledavanje s vodičem?**
	káda pótschinje rasgledáwanje ßwodítschem?
Gibt es eine Ermäßigung für ...	**Ima li popust za ...** íma li pópußt sa ...
... Kinder?	**... djecu?** ... djétzu?
... Senioren?	**... starije osobe?** ... ßtárije óßobe?
... Studenten?	**... studente?** ... ßtúdente?
Eine Karte bitte.	**Jednu kartu, molim.** jédnu kártu, mólim.
Zwei Karten bitte.	**Dvije karte, molim.** dwíje kárte, mólim.
Zwei Erwachsene, zwei Kinder, bitte.	**Za dvoje odraslih i dvoje djece, molim.** sa dwóje ódraßlich i dwóje djétze, mólim.
Haben Sie einen Katalog?	**Imate li katalog?** ímate li katálog?

Ich hätte gern einen Audioguide ...	♂ **Htio** / ♀ **Htjela bih audio vodiča ...** ♂ chtío / ♀ chtjéla bich áudio wodítscha ...
... auf Deutsch.	**... na njemačkom.** ... na njématschkom
... auf Englisch.	**... na engleskom.** ... na éngleßkom.
Darf man fotografieren?	**Smije li se fotografirati?** ßmíje li ße fotografírati?
Können Sie bitte ein Foto von uns machen?	**Možete li nas naslikati?** móschete li naß naßlíkati?
Was für ein Gebäude ist das?	**Koja je ova građevina?** kója je ówa grádschewina?
Was für ein Denkmal ist das?	**Koji je ovo spomenik?** kóji je ówo ßpómenik?
Haben Sie das Bild als ...	**Imate li ovu sliku kao ...** ímate li ówu ßlíku káo ...
... Poster?	**... poster?** ... pößter?
... Postkarte?	**... razglednicu?** ... rásglednitzu?

Weitere Wörter

Altstadt	**stari grad** ßtári grad
Amphitheater	**amfiteatar** amfiteátar
antik	**antički** ántitschki
Aquädukt	**starorimski vodovod** ßtárorimßki wódowod
Arena	**arena** aréna
Arkaden	**arkade** arkáde
Ausflugsboot	**izletnički čamac** ísletnitschki tschámat

Ausgrabungen	iskopine	íßkopine
Aussicht	vidik	wídik
Ausstellung	izložba	ísloschba
Basilika	bazilika	basílika
Bild	slika	ßlíka
Bildhauer	kipar	kípar
Botanischer Garten	botanički vrt	botánitschki wrt
Brücke	most	moßt
Burg	kula	kúla
Denkmal	spomenik	ßpómenik
Dom	katedrala	katedrála
Festung	tvrđava	twŕdjawa
Flohmarkt	stara krama	ßtára kráma
Fluss	rijeka	rijéka
fotografieren	slikati	ßlíkati
Fremdenführer	vodič za turiste	wóditsch sa túrißte
Fresko	freska	fréßka
Friedhof	groblje	gróblje
Fußgängerzone	pješačka zona	pjéschatschka sóna
Galerie	galerija	galérija
Garten	vrt	wrt
Gebäude	zgrada	sgráda
Gebirge	planine	planíne
Gedenkstätte	spomen-mjesto	ßpómen-mjéßto
Gegend	kraj	kraj
Gemälde	umjetnička slika	úmjetnitschka ßlíka
geöffnet	otvoreno	ótworeno
geschlossen	zatvoreno	sátworeno
Gewölbe	svod	ßwod
Glockenspiel	glazbena naprava s više zvona	
	glásbena náprawa ßwísche swóna	
Glockenturm	zvonik	swónik
Gottesdienst	misa	míßa
Grab	grob	grob

Hafen	**luka** lúka
Halbinsel	**poluotok** póluotok
Hauptstadt	**glavni grad** gláwni grad
Höhle	**spilja** ßpílja
Hotelverzeichnis	**popis hotela** pópiß hotéla
Hügel	**brežuljak** breschúljak
Innenstadt	**centar grada** tzéntar gráda
Inschrift	**natpis** nátpiß
Insel	**otok** ótok
Jahrhundert	**stoljeće** ßtóljetche
Kapelle	**kapela** kapéla
Katakomben	**katakombe** katakómbe
Katalog	**katalog** katálog
Kathedrale	**katedrala** katedrála
Kirche	**crkva** tzŕkwa
Kirchturm	**crkveni toranj** tzŕkweni tóranj
Kloster *(Mönche)*	**samostan** ßámoßtan
König	**kralj** kralj
Königin	**kraljica** králjitza
Kopie	**kopija** kópija
Kreuzgang	**križni put** kríschni put
Kunst	**umjetnost** úmjetnoßt
Künstler	**umjetnik** úmjetnik
Kuppel	**kupola** kúpola
Landschaft	**pejsaž** péjßaşch
Maler	**slikar** ßlíkar
Malerei	**slikarstvo** ßlikárßtwo
Markt	**sajam** ßájam
Markthalle	**tržnica** tŕschnitza
Marmor	**mramor** mrámor
Mauer	**zid** sid
Mausoleum	**mauzolej** mausólej
Minarett	**minaret** mináret
Mittelalter	**srednji vijek** ßrédnji wijék

Mosaik	**mozaik** mosáik
Moschee	**džamija** dschámija
Mühle	**mlin** mlin
Museum	**muzej** músej
Nationalpark	**nacionalni park** nátzionalni park
Naturschutzgebiet	**zaštićeni park prirode** sáschtitcheni park prírode
Opernhaus	**operna kuća** óperna kútcha
Orgel	**orgulje** órgulje
Original	**original** origínal
Palast	**palača** pálatscha
Park	**park** park
Plakat	**plakat** plákat
Platz	**mjesto** mjéßto
Portal	**portal** pórtal
Porträt	**portret** portrét
Poster	**poster** póßter
Prospekt	**prospekt** próßpekt
Rathaus	**vijećnica** wijétchnitza
Relief	**reljef** réljef
restauriert	**restaurirano** reßtaúrirano
Römer	**Rimljani** rímljani
römisch	**rimsko** rímßko
Ruine	**ruševina** rúschewina
Saal	**dvorana** dwórana
Sammlung	**zbirka** sbírka
Sandstein	**pješčenjak** pjeschtschénjak
Säule	**stup** ßtup
Schatzkammer	**riznica** rísnitza
Schloss	**dvorac** dwóratz
Schlucht	**klanac** klánatz
Schnitzerei	**rezbarija** resbárija
See	**jezero** jésero
Sehenswürdigkeiten	**znamenitosti** snaménitoßti

Seilbahn	**žičara** ßchítschara
Skulptur	**skulptura** ßkulptúra
Stadt	**grad** grad
Stadtmauer	**gradske zidine** grádßke sídine
Stadtteil	**dio grada** dío gráda
Stadttor	**gradska vrata** grádßka wráta
Stausee	**umjetno jezero** úmjetno jésero
Sternwarte	**zvjezdarnica** swjésdarnitza
Synagoge	**sinagoga** ßinagóga
Tal	**dolina** dólina
Tempel	**hram** chram
Töpferei	**lončarstvo** lontschárßtwo
Tor	**vrata** wráta
Triumphbogen	**slavoluk** ßláwoluk
Tropfsteinhöhle	**spilja sa sigama** ßpílja ßa ßígama
Turm	**toranj** tóranj
Überreste	**ostaci** oßtátzi
Umgebung	**okolica** ókolitza
Universität	**sveučilište** ßweútschilischte
Volkskundemuseum	**etnološki muzej** etnóloschki músej
Vulkan	**vulkan** wúlkan
Wald	**šuma** schúma
Wallfahrtsort	**mjesto hodočašća** mjéßto chódotschaschtcha
Wandmalerei	**zidno slikarstvo** sídno ßlikárßtwo
Wappen	**grb** grb
Wasserfall	**vodopad** wódopad
Weinberge	**vinogradi** wínogradi
Weingut	**vinsko dobro** wínßko dóbro
Weinkeller	**vinski podrum** wínßki pódrum
Weinprobe	**degustacija vina** degußtátzija wína
Werk	**djelo** djélo
Zeichnung	**crtež** tzŕtesch
Zoo	**zoološki vrt** sóloschki wrt

Theater, Kino, Musik

Welche Veranstaltungen finden ... Woche statt?	**Koje se priredbe daju ... tjedan?** kóje ße príredbe dáju ... tjédan?
... diese	**... ovaj** ... ówaj
... nächste	**... idući** ... ídutchi
Haben Sie einen Veranstaltungskalender?	**Imate li kalendar priredbi?** ímate li kaléndar príredbi?
Was wird heute gespielt?	**Što se danas daje?** schto ße dánaß dáje?
Wo bekommt man Karten?	**Gdje se mogu nabaviti karte?** gdje ße mógu nábawiti kárte?
Kann man Karten reservieren lassen?	**Može li se rezervirati karte?** mósche li ße reßérwirati kárte?
Wann beginnt ...	**Kada počinje ...** káda pótschinje ...
... die Vorstellung?	**... predstava?** ... prédßtawa?
... das Konzert?	**... koncert?** ... kóntzert?
... der Film?	**... film?** ... film?
Ab wann ist Einlass?	**Od kada je ulaz?** od káda je úlas?
Sind die Plätze nummeriert?	**Jesu li mjesta numerirana?** jéßu li mjéßta numérirana?
Ich hatte Karten vorbestellt auf den Namen ...	♂ **Naručio / ♀ Naručila sam karte na ime ...** ♂ narútschio / ♀ narútschila ßam kárte na íme ...

Haben Sie noch
Karten für ...

Imate li još karata za ...
ímate li josch kárata sa ...

... heute?

... danas?   ... dánaß?

... morgen?

... sutra?   ... ßútra?

Bitte zwei Karten
für ...

Molim vas dvije karte za ...
mólim waß dwíje kárte sa ...

... heute.

... danas.   ... dánaß.

... heute Abend.

... večeras.   ... wetschéraß.

... morgen.

... sutra.   ... ßútra.

... die Vorstellung
um ... Uhr.

... predstavu u ... sati.
... prédßtawu u ... ßáti.

... die Matinée.

... matineju.   ... matinéju.

... den Film um ... Uhr.

... film u ... sati.   ... film u ... ßáti.

Wie viel kostet eine
Karte?

Koliko košta ulaznica?
kóliko kóschta úlasnitza?

Gibt es eine Ermäßi-
gung für ...

Ima li popust za ...
íma li pópußt sa ...

... Kinder?

... djecu?   ... djétzu?

... Senioren?

... starije osobe?   ... ßtárije óßobe?

... Studenten?

... studente?   ... ßtúdente?

Wann ist die Vorstel-
lung zu Ende?

Kada završava predstava?
káda sawŕschawa prédßtawa?

Ich möchte ein
Opernglas ausleihen.

♂ Htio / ♀ Htjela bih unajmiti
dalekozor za kazalište.
♂ chtío / ♀ chtjéla bich unájmiti
dalekósor sa kásalischte.

An der Kasse

desno	rechts
druga klasa	zweiter Rang
galerija	Galerie
klasa	Rang
lijevo	links
loža	Loge
mjesto	Platz
mjesto za stajanje	Stehplatz
parket	Parkett
predprodaja	Vorverkauf
prva klasa	erster Rang
rasprodano	ausverkauft
red	Reihe
sredina	Mitte
večernja blagajna	Abendkasse

Ausgehen

Was kann man hier abends unternehmen?	Gdje se ovdje navečer može izaći?
	gdje ße ówdje náwetscher mósche ísatchi?
Gibt es hier …	Ima li tu … íma li tu …
… eine nette Kneipe?	… neka zgodna gostionica?
	… néka sgódna goßtiónitza?
… einen angesagten Club?	… neki ugledni disko?
	… néki úgledni díßko?

Ist dort mehr ... Publikum?
Da li je tamo više ... publika?
da li je támo wísche ... públika?

... jüngeres
... mlađa ... mládscha

... älteres
... starija ... ßtárija

Wo kann man hier tanzen gehen?
Gdje se ovdje može ići na ples?
gdje ße ówdje mósche ítchi na pleß?

Kann man hier auch etwas essen?
Može li se ovdje i nešto pojesti?
mósche li ße ówdje i néschto pójeßti?

Ist hier noch frei?
Je li ovo mjesto još slobodno?
jéli ówo mjéßto josch ßlóbodno?

Darf ich Sie | dich (zu einem Drink) einladen?
Smijem li vas | te pozvati (na piće)?
ßmíjem li waß | te póswati (na pítche)?

Was möchten Sie | möchtest du trinken?
Što želite | želiš popiti?
schto schélite | schélisch pópiti?
▸ Essen & Trinken, S. 79

Tanzen Sie | Tanzt du mit mir?
Smijem li vas | te zamoliti za ples?
ßmíjem li waß | te samóliti sa pleß?

Sie tanzen | Du tanzt sehr gut.
Plešete | Plešeš vrlo dobro.
pléschete | pléschesch wŕlo dóbro.
▸ Flirten, S. 57

Können Sie mir ein Taxi rufen?
Možete li mi pozvati taksi?
móschete li mi póswati tákßi?

Ernstfall

... die wichtigsten Sätze

Rufen Sie bitte einen Notarzt!
▸ *Notruf, S. 194*

Molim vas pozovite liječnika hitne pomoći!
mólim wa, posówite lijétschnika chítne pómotchi!

Ich habe ... verloren.

♂ Izgubio / ♀ Izgubila sam ...
♂ isgúbio / ♀ isgúbila ßam ...

Man hat mir mein Portemonnaie gestohlen.

Netko mi je ukrao novčanik.
nétko mi je úkrao nowtschánik.

Ich brauche eine Bescheinigung für meine Versicherung.
▸ *Polizei, S. 195*

Treba mi potvrda za osiguranje.
tréba mi pótwrda sa oßiguránje.

Wo ist die nächste Apotheke?

Gdje je najbliža apoteka?
gdje je nájblischa apotéka?

Haben Sie etwas gegen ...?

Imate li nešto protiv ...?
ímate li néschto prótiw ...?

Ich brauche dieses Medikament.
▸ *Apotheke, S. 197*

Treba mi ovaj lijek.
tréba mi ówaj lijék.

Können Sie mir einen praktischen Arzt empfehlen?

▸ Arztsuche, S. 199
Možete li mi preporučiti liječnika opće prakse?

móschete li mi prepórutschiti lijétschnika óptche prákße?

Ich fühle mich nicht wohl.

Ne osjećam se dobro.

ne óßjetcham ße dóbro.

Hier habe ich Schmerzen.

Tu me boli.   tu me bóli.

Ich bin (im ... Monat) schwanger.

▸ Beim Arzt, S. 201
Trudna sam (u ... mjesecu).

trúdna ßam (u ... mjéßetzu).

Schwester, können Sie mir helfen?

Sestro, možete li mi pomoći?

ßéßtro, móschete li mi pómotchi?

Ich möchte mit einem Arzt sprechen.

♂ Htio / ♀ Htjela bih razgovarati s liječnikom.

♂ chtío / ♀ chtjéla bich rasgowárati ßlijétschnikom.

Bitte benachrichtigen Sie meine Familie.

▸ Im Krankenhaus, S. 205
Molim vas obavijestite moju obitelj.

mólim waß obawijéßtite móju obítelj.

Dieser Zahn hier tut weh.

▸ Zahnarzt, S. 210
Boli me ovaj zub.   bóli me ówaj sub.

Info

Die allgemeine Notrufnummer lautet 112. Über diese Numm[er]
erreichen Sie Notarzt, Polizei, Feuerwehr und Rettungsdienst[e].
Außerdem können Sie folgende Notrufnummern verwende[n]:
Polizei 192, Feuerwehr 193, Notarzt 194.

Notruf

Hilfe!	**Upomoć!** úpomotch!
Es ist ein Unfall passiert!	**Dogodila se nesreća!** dogódila ße néßretcha!
Bitte helfen Sie!	**Molim vas pomozite!** mólim waß pomósite!
Rufen Sie bitte einen …	**Molim vas pozovite …** mólim waß posówite …
… Krankenwagen!	**… bolnička kola!** … bólnitschka kóla!
… Notarzt!	**… liječnika hitne pomoći!** … lijétschnika chítne pómotchi!
… Personen sind (schwer) verletzt.	**… osoba je (teško) ozlijeđeno.** … óßoba je (téschko) óslijedjeno.
Wohin bringen Sie ihn?	**Kamo ga vozite?** kámo ga wósite?
Wohin bringen Sie sie?	**Kamo ju vozite?** kámo ju wósite?
Ich möchte mit ihm mitkommen.	♂ **Htio** / ♀ **Htjela bih ići s njom.** ♂ chtío / ♀ chtjéla bich ítchi ß njom.
Ich möchte mit ihr mitkommen.	♂ **Htio** / ♀ **Htjela bih ići s njim.** ♂ chtío / ♀ chtjéla bich ítchi ß jim.

Polizei

Wo ist das nächste Polizeirevier?	Gdje je najbliža policijska postaja?
▸Unfall, S. 42	gdje je nájblischa polítzijßka póßtaja?

Ich möchte ... anzeigen.	♂ Htio / ♀ Htjela bih prijaviti ...
	♂ chtío / ♀ chtjéla bich prijáwiti ...

... einen Diebstahl	... krađu. ... krádju.
... einen Überfall	... razbojstvo. ... rasbójßtwo.
... eine Vergewaltigung	... silovanje. ... ßílowanje.

Man hat mir ... gestohlen.	Netko mi je ukrao ...
	nétko mi je úkrao ...

... meine Handtasche	... ručnu torbicu.
	... rútschnu tórbitzu.

... mein Portemonnaie	... novčanik.
	... nowtschánik.

Ich habe ... verloren.	♂ Izgubio / ♀ Izgubila sam ...
	♂ isgúbio / ♀ isgúbila ßam ...

Mein Auto ist aufgebrochen worden.	Netko je provalio u moj auto.
	nétko je prowálio u moj áuto.

Ich bin betrogen worden.	♂ Prevaren / ♀ Prevarena sam.
	♂ préwaren / ♀ préwarena ßam.

Ich bin zusammengeschlagen worden.	♂ Pretučen / ♀ Pretučena sam.
	♂ prétutschen / ♀ prétutschena ßam.

Ich brauche eine Bescheinigung für meine Versicherung.	Treba mi potvrda za osiguranje.
	tréba mi pótwrda sa oßiguránje.

Ich möchte mit meinem ... sprechen.	Želim razgovarati sa svojim ... schélim rasgowárati ßa ßwójim ...
... Anwalt	... odvjetnikom. ... ódwjetnikom.
... Konsulat	... konzulatom. ... konsulátom.
Ich bin unschuldig.	♂ Nevin / ♀ Nevina sam. ♂ néwin / ♀ néwina ßam.

Das könnten Sie hören:

◄Vašu osobnu iskaznicu, molim.
wáschu óßobnu íßkasnitzu, mólim.

Ihren Ausweis bitte.

◄Kada se to dogodilo?   Wann ist es passiert?
káda ße to dogódilo?

◄Gdje se to dogodilo?   Wo ist es passiert?
gdje ße to dogódilo?

◄Molim vas obratite se vašem konzulatu.
mólim waß obrátite ße wáschem konsulátu.

Wenden Sie sich bitte an Ihr Konsulat.

Weitere Wörter

Anzeige	prijava	príjawa
Autoradio	auto radio	áuto rádio
belästigen	napastovati	nápaßtowati
Botschaft *(diploma-tische Vertretung)*	ambasada	ambaßáda
Dieb	lopov	lópow
Falschgeld	krivotvoren novac	kriwótworen nówatz
Fundbüro	ured za izgubljene stvari	úred sa ísgubljene ßtwári

Navigationsgerät	**auto navigacija**	áuto nawigátzija
Polizei	**policija**	polítzija
Polizist	**policajac**	politzájatz
Portemonnaie	**novčanik**	nowtschánik
Rauschgift	**(opojna) droga**	(ópojna) dróga
Taschendieb	**džepar**	dschépar
Unfall	**nesreća**	néßretcha
verhaften	**uhititi**	úchititi
Zeuge	**svjedok**	ßwjédok

Apotheke

Wo ist die nächste Apotheke (mit Nacht-dienst)?	**Gdje je najbliža apoteka (s noćnim dežurstvom)?**
	gdje je nájblischa apotéka (ßnótchnim deschúrßtwom)?
Haben Sie etwas gegen ...?	**Imate li nešto protiv ...?**
	ímate li néschto prótiw ...?
▸ Krankeiten, S. 207	
Ich brauche dieses Medikament.	**Treba mi ovaj lijek.**
	tréba mi ówaj lijék.
Eine kleine Packung genügt.	**Malo pakovanje je dovoljno.**
	málo pákowanje je dówoljno.
Wie muss ich es einnehmen?	**Na koji način se uzima?**
	na kóji nátschin ße úsima?

Das könnten Sie hören:

Ovaj se lijek daje samo na recept.
ówaj ße lijék dáje ßámo na rétzept.

Dieses Medikament ist rezeptpflichtig.

◄**Nemamo ga ovdje.**   Das haben wir nicht da.
némamo ga ówdje.

◄**Moramo ga naručiti.**
móramo ga narútschiti.

Wir müssen es bestellen.

Wann kann ich es   **Kada ga mogu podići?**
abholen?   káda ga mógu póditchi?

Medikamente

Abführmittel	**lijek za čišćenje crijeva**
	lijék sa tschíschtchenje tzrijéwa
Antibabypille	**kontracepcijska pilula**
	kontratzéptzijßka pílula
Antibiotikum	**antibiotik** antibiótik
Augentropfen	**kapi za oči** kápi sa ótschi
Beruhigungsmittel	**lijek za smirenje** lijék sa ßmirénje
Desinfektionsmittel	**dezinfekcijsko sredstvo**
	desinféktzijßko ßrédßtwo
Elastikbinde	**elastični zavoj** eláßtitschni sáwoj
Fieberthermometer	**toplomjer** tóplomjer
Halsschmerztabletten	**tablete za grlo** tabléte sa gŕlo
homöopathisch	**homeopatsko** choméopatßko
Hustensaft	**sirup protiv kašlja** ßírup prótiw káschlja
Insulin	**inzulin** insúlin
Jod	**jod** jod
Kohletabletten	**ugljične tablete** úgljitschne tabléte
Kondome	**prezervativi** preserwatíwi
Kopfschmerz-tabletten	**tablete protiv glavobolje**
	tabléte prótiw gláwobolje
Kreislaufmittel	**sredstvo za tlak** ßrédßtwo sa tlak
Magentabletten	**tablete za želudac** tabléte sa schéludatz

Mullbinde	**zavoj od gaze**	sáwoj od gáse
Nasentropfen	**kapi za nos**	kápi sa noß
Ohrentropfen	**kapi za uši**	kápi sa úschi
Pflaster	**flaster**	fláßter
Rezept	**recept**	rétzept
Salbe gegen Mückenstiche	**mast protiv uboda komaraca**	maßt prótiw úboda komáratza
Salbe gegen Sonnenallergie	**mast protiv sunčane alergije**	maßt prótiw ßúntschane alérgije
Salbe gegen Sonnenbrand	**mast protiv opekotina od sunca**	maßt prótiw opékotina od ßúntza
Schlaftabletten	**tablete za spavanje**	tabléte sa ßpáwanje
Schmerzmittel	**lijek protiv bolova**	lijék prótiw bólowa
Spritze	**injekcija**	injéktzija
Tabletten (gegen ...)	**tablete (protiv ...)**	tabléte (prótiw ...)
Tropfen	**kapi**	kápi
Verbandszeug	**pribor za zavijanje**	príbor sa sawíjanje
Wundsalbe	**mast za rane**	maßt sa ráne
Zäpfchen	**čepić**	tschépitsch

Arzt

Arztsuche

Können Sie mir einen ... empfehlen?	**Možete li mi preporučiti ...** móschete li mi prepórutschiti ...
... praktischen Arzt	**... liječnika opće prakse?** ... lijétschnika óptche prákße?
... Kinderarzt	**... dječjeg liječnika?** ... djétschjeg lijétschnika?
... Zahnarzt	**... zubara?** ... subára?

Spricht er Deutsch?	Da li govori njemački?
	dáli gówori njématschki?
Wann hat er Sprech-stunde?	Kada je otvorena ordinacija?
	káda je ótworena ordinátzija?
Wo ist seine Praxis?	Gdje je njegova ordinacija?
	gdje je njégowa ordinátzija?
Kann er herkommen?	Može li doći ovamo?
	mósche li dótchi ówamo?
Mein Mann ist krank.	Moj suprug je bolestan.
	moj ßúprug je bóleßtan.
Meine Frau ist krank.	Moja supruga je bolesna.
	mója ßúpruga je bóleßna.

Ärzte

Arzt	lijeČnik lijétschnik
Augenarzt	lijeČnik za oČne bolesti
	lijétschnik sa ótschne bóleßti
Frauenarzt	ginekolog ginekólog
Frauenärztin	lijeČnica ginekolog lijétschnitza ginekólo
Hals-Nasen-Ohren-Arzt	lijeČnik za uho-grlo-nos
	lijétschnik sa úcho-gŕlo-noß
Hautarzt	lijeČnik za kožne bolesti
	lijétschnik sa kóschne bóleßti
Heilpraktiker	ljeČitelj bez medicinske naobrazbe
	ljétschitelj bes méditzinßke náobrasbe
Internist	internist interníßt
Kinderarzt	lijeČnik za djeČje bolesti
	lijétschnik sa djétschje bóleßti
Orthopäde	ortoped ortóped

Praktischer Arzt	**liječnik opće prakse**
	lijétschnik óptche prákße
Tierarzt	**veterinar** weterínar
Urologe	**urolog** urólog
Zahnarzt	**zubar** súbar

Beim Arzt

Ich habe ...	**Imam ...** ímam ...
... Kopfschmerzen.	**... glavobolju.** ... gláwobolju.
... (hohes) Fieber.	**... (visoku) temperaturu.**
	... (wíßoku) temperatúru.
... eine Grippe.	**... gripu.** ... grípu.
... Durchfall.	**... proljev.** ... próljew.
Ich habe Hals-schmerzen.	**Boli me grlo.** bóli me gŕlo.
Ich bin stark erkältet.	**Jako sam ♂ prehlađen / ♀ prehlađena.**
	jáko ßam ♂ préchladjen / ♀ préchladjena.
Ich fühle mich nicht wohl.	**Ne osjećam se dobro.**
	ne óßjetcham ße dóbro.
Mir ist schwindelig.	**Vrti mi se.** wŕti mi ße.
Mir tut ... weh. ▸Körperteile, S. 205	**Boli me ...** bóli me ...
Hier habe ich Schmerzen.	**Tu me boli.** tu me bóli.
Ich habe mich über-geben.	**♂ Povraćao / ♀ Povraćala sam.**
	♂ pówratchao / ♀ pówratchala ßam.

Ich habe mir den Magen verdorben.	♂ Pokvario / ♀ Pokvarila sam želudac. ♂ pokwário / ♀ pokwárila ßam schéludatz.
Ich bin ohnmächtig geworden.	♂ Onesvjestio / ♀ Onesvjestila sam se. ♂ oneßwijéßtio / ♀ oneßwijéßtila ßam ße.
Ich kann ... nicht bewegen.	Ne mogu micati ... némogu mítzati ...
Ich bin gestürzt.	♂ Pao / ♀ Pala sam. ♂ páo / ♀ pála ßam.
Ich bin von ... gestochen worden.	♂ Uboo / ♀ Ubola me je ... ♂ úboo / ♀ úbola me je ...
Ich bin gegen ... geimpft.	♂ Cijepljen / ♀ Cijepljena sam protiv ... ♂ tzijépljen / ♀ tzijépljena ßam prótiw ...
Ich bin nicht gegen ... geimpft.	Nisam ♂ cijepljen / ♀ cijepljena protiv ... níßam ♂ tzijépljen / ♀ tzijépljena prótiw ...
Ich bin allergisch gegen Penizillin.	♂ Alergičan / ♀ Alergična sam na penicilin. ♂ alérgitschan / ♀ alérgitschna ßam na penitzílin.
Ich habe einen ... Blutdruck.	Imam ... tlak. ímam ... tlak.
... hohen	... visok ... wíßok
... niedrigen	... nizak ... nísak
Ich habe einen Herzschrittmacher.	Imam pace-maker. ímam péiß-méiker.

Ich bin (im ... Monat) schwanger. | **Trudna sam (u ... mjesecu).**
trúdna ßam (u ... mjéßetzu).

Ich bin Diabetiker. | **Dijabetičar sam.** dijabétitschar ßam.

Ich nehme regelmäßig diese Medikamente. | **Redovno uzimam ove lijekove.**
rédowno úsimam ówe lijékowe.

Das könnten Sie hören:

◄**Koje tegobe imate?**
kóje tégobe ímate? | Was für Beschwerden haben Sie?

◄**Gdje osjećate bolove?**
gdje óßjetchate bólowe? | Wo haben Sie Schmerzen?

◄**Da li ovo boli?**
dáli ówo bóli? | Tut das weh?

◄**Otvorite usta.**
otwórite úßta. | Öffnen Sie den Mund.

◄**Pokažite jezik.**
pokáschite jésik. | Zeigen Sie die Zunge.

◄**Moramo vas rentgenski pregledati.**
móramo waß réntgenßki prégledati. | Wir müssen Sie röntgen.

◄**Koliko dugo već imate ove tegobe?**
kóliko dúgo wetch ímate ówe tégobe? | Wie lange haben Sie diese Beschwerden schon?

◄ Jeste li cijepljeni protiv ...?
jéßte li tzijépljeni prótiw ...?

Sind Sie gegen ... geimpft?

◄ Imate li iskaznicu o cijepljenjima?
ímate li íßkasnitzu o tzijépljenjima?

Haben Sie einen Impfpass?

◄ Mora vam se napraviti analiza krvi.
móra wam ße náprawiti analísa kŕwi.

Ihr Blut muss untersucht werden.

◄ Morate ići na operaciju.
mórate ítchi na operátziju.

Sie müssen operiert werden.

◄ Nije ništa ozbiljno.   Es ist nichts Ernstes.
níje níschta óßbiljno.

◄ Dođite ponovo sutra.
dódjite pónowo ßútra.

Kommen Sie morgen wieder.

◄ Dođite ponovo za ... dana.
dódjite pónowo sa ... dána.

Kommen Sie in ... Tagen wieder.

Können Sie mir ein Attest ausstellen?	Možete li mi izdati liječnički atest? móschete li mi ísdati lijétschnitschki atéßt?
Muss ich noch einmal kommen?	Moram li ponovo doći? móram li pónowo dótchi?
Ich brauche eine Quittung für meine Versicherung.	Treba mi potvrda za moje osiguranje. tréba mi pótwrda sa móje oßiguránje.

Im Krankenhaus

Spricht hier jemand Deutsch?	**Govori li ovdje netko njemački?**
▸ Beim Arzt, S. 201	gówori li ówdje nétko njématschki?

Ich möchte mich lieber in Deutschland operieren lassen.

Radije bih se ♂ dao / ♀ dala operirati u Njemačkoj.
rádije bich ße ♂ dáo / ♀ dála opérirati u njématschkoj.

Ich habe eine Versicherung für den Rücktransport.

Imam osiguranje za povratni transport.
ímam oßiguránje sa pówratni tránßport.

Bitte benachrichtigen Sie meine Familie.

Molim vas obavijestite moju obitelj.
mólim waß obawijéßtite móju obítelj.

Schwester, können Sie mir helfen?

Sestro, možete li mi pomoći?
ßéßtro, móschete li mi pómotchi?

Geben Sie mir bitte etwas …

Molim vas dajte mi nešto …
mólim waß dájte mi néschto …

… gegen die Schmerzen.

… protiv bolova. … prótiw bólowa.

… zum Einschlafen.

… za spavanje. … sa ßpáwanje.

Körperteile

Arm	**ruka** rúka
Auge	**oko** óko
Bandscheibe	**hrskavica između kralježaka**
	chrßkawitza íßmedju králješchaka
Bauch	**trbuh** tŕbuch
Becken	**zdjelica** sdjélitza

Bein	**noga**	nóga
Blase	**mjehur**	mjéchur
Blinddarm	**slijepo crijevo**	ßlijépo tzrijéwo
Blut	**krv**	krw
Bronchien	**bronhije**	brónchije
Brust	**prsa**	pŕßa
Darm	**crijevo**	tzrijéwo
Ferse	**peta**	péta
Finger	**prst**	prßt
Fuß	**stopalo**	ßtópalo
Galle	**žuč**	schútsch
Gehirn	**mozak**	mósak
Gelenk	**zglob**	sglob
Gesäß	**stražnjica**	ßtráschnjitza
Gesicht	**lice**	lítze
Hals	**vrat**	wrat
Hand	**ruka**	rúka
Haut	**koža**	kóscha
Herz	**srce**	ßŕtze
Hüfte	**kuk**	kuk
Knie	**koljeno**	kóljeno
Knöchel	**gležanj**	gléschanj
Knochen	**kost**	koßt
Kopf	**glava**	gláwa
Körper	**tijelo**	tijélo
Leber	**jetra**	jétra
Lunge	**pluća**	plútcha
Magen	**želudac**	schéludatz
Mandeln	**krajnici**	krájnitzi
Mund	**usta**	úßta
Muskel	**mišić**	míschitch
Nacken	**potiljak**	pótiljak
Nase	**nos**	noß
Nebenhöhle	**sinusi**	ßínußi

Nerv	**živac** schíwatz
Niere	**bubreg** búbreg
Ohr	**uho** úcho
Rippe	**rebro** rébro
Rücken	**leđa** lédja
Schienbein	**cjevanica** tzjewánitza
Schilddrüse	**štitnjača** schtítnjatscha
Schlüsselbein	**ključna kost** kljútschna koßt
Schulter	**rame** ráme
Sehne	**tetiva** tétiwa
Stirn	**čelo** tschélo
Stirnhöhle	**čeona šupljina** tschéona schupljína
Wade	**list** lißt
Wirbel	**kralježak** králjeschak
Wirbelsäule	**kičma** kítschma
Zahn	**zub** sub
Zehe	**nožni prst** nóschni prßt
Zunge	**jezik** jésik

Krankheiten

Abszess	**apsces** apßtzéß
Aids	**sida** ßída
Allergie	**alergija** alérgija
Angina	**angina** angína
ansteckend	**zarazno** sárasno
Asthma	**astma** áßtma
Atembeschwerden	**poteškoće u disanju**
	poteschkótche u díßanju
Ausschlag	**osip** óßip
Bänderriss	**ozljeda ligamenata** ósljeda ligaménata
Bänderzerrung	**istegnuće ligamenata**
	ißtegnútche ligaménata

Bindehautentzündung	**zapaljenje spojnice u oku** sapaljénje ßpójnitze u óku
Biss	**ujed** újed
Blase	**mjehur** mjéchur
Blasenentzündung	**upala mjehura** úpala mjechúra
Blinddarmentzündung	**upala slijepog crijeva** úpala ßlijépog tzrijéwa
hoher Blutdruck	**visok krvni tlak** wíßok kŕwni tlák
niedriger Blutdruck	**nizak krvni tlak** nísak kŕwni tlák
Blutung	**krvarenje** krwárenje
Blutvergiftung	**trovanje krvi** trówanje kŕwi
Bronchitis	**bronhitis** bronchítiß
Bypass	**premosnica** prémoßnitza
Diabetes	**dijabetes** dijabéteß
Durchfall	**proljev** próljew
Entzündung	**upala** úpala
Erbrechen	**povraćanje** pówratchanje
Erkältung	**prehlada** préchlada
Fieber	**temperatura** temperatúra
Gallensteine	**žučni kamenci** s̲chútschni kaméntzi
gebrochen	**slomljeno** ßlómljeno
Gehirnerschütterung	**potres mozga** pótreß mósga
Geschlechtskrankheit	**spolna bolest** ßpólna bóleßt
Geschwür	**čir** tschir
Grippe	**gripa** grípa
Herpes	**herpes** chérpeß
Herzfehler	**srčana mana** ßŕtschana mána
Herzinfarkt	**srčani infarkt** ßŕtschani ínfarkt
Herzschrittmacher	**pace maker** péiß méiker
Heuschnupfen	**peludna alergija** péludna alérgija
Hexenschuss	**heksnšus** chékßnschuß
Hirnhautentzündung	**meningitis** meningítiß
Husten	**kašalj** káschalj
Infektion	**infekcija** inféktzija

Ischias	**išijas** íschijaß
Keuchhusten	**hripavac** chrípawatz
Kinderlähmung	**dječja paraliza** djétschja paralísa
Kolik	**bolni grč** bólni grtsch
Krampf	**grč** grtsch
Krankheit	**bolest** bóleßt
Krebs	**rak** rak
Kreislaufstörungen	**smetnje s tlakom** ßmétnje ßtlákom
Leistenbruch	**kila na preponi** kíla na préponi
Lungenentzündung	**upala pluća** úpala plútcha
Magengeschwür	**čir na želucu** tschir na schélutzu
Magenschmerzen	**bolovi u želucu** bólowi u schélutzu
Malaria	**malarija** malárija
Mandelentzündung	**upala krajnika** úpala krájnika
Masern	**ospice** óßpitze
Menstruation	**menstruacija** menßtruátzija
Migräne	**migrena** migréna
Mittelohrentzündung	**upala srednjeg uha** úpala ßrédnjeg úcha
Mumps	**zaušnjaci** sáuschnjatzi
Muskelzerrung	**istegnuće mišića** ißtegnútche míschitcha
Nasenbluten	**krvarenje iz nosa** krwárenje is nóßa
Neuralgie	**neuralgija** neurálgija
Nierensteine	**bubrežni kamenci** búbreschni kaméntzi
Pilzinfektion	**gljivična infekcija** gljíwitschna inféktzija
Prellung	**unutrašnja ozljeda** únutraschnja ósljeda
Röteln	**rubeola** rubeóla
Salmonellen-	**trovanje salmonelama**
vergiftung	trówanje ßalmonélama
Scharlach	**šarlah** schárlach
Scheidenentzündung	**vaginalna upala** wáginalna úpala
Schlaganfall	**moždani udar** móschdani údar
Schnupfen	**prehlada** préchlada
Schock	**šok** schok
Schüttelfrost	**groznica** grósnitza

Schweißausbruch	**znojenje**	snójenje
Schwellung	**oteklina**	oteklína
Schwindel	**vrtoglavica**	wrtóglawitza
Sehnenzerrung	**istegnuće tetiva**	ißtegnútche tétiwa
Sodbrennen	**žgaravica**	schgárawitza
Sonnenbrand	**opekotine od sunca**	opékotine od ßúntza
Sonnenstich	**sunčanica**	ßúntschanitza
Stich	**ubod**	úbod
Tetanus	**tetanus**	tétanuß
bösartiger Tumor	**zloćudni tumor**	slótchudni túmor
gutartiger Tumor	**dobroćudni tumor**	dóbrotchudni túmor
Übelkeit	**mučnina**	mutschnína
Verbrennung	**opekotina**	opékotina
Verletzung	**ozljeda**	óßljeda
verrenkt	**iščašeno**	íschtschascheno
verstaucht	**uganuto**	úganuto
Verstopfung	**zatvor**	sátwor
Windpocken	**vodene kozice**	wódene kósitze
Wunde	**rana**	rána
Zeckenbiss	**ubod krpelja**	úbod kŕpelja

Zahnarzt

Dieser Zahn hier tut weh.	**Boli me ovaj zub.** bóli me ówaj sub.
Der Zahn ist abgebrochen.	**Pukao mi je zub.** púkao mi je sub.
Ich habe eine ... verloren.	**Ispala mi je ...** íßpala mi je ...
... Füllung	**... plomba.** ... plómba.
... Krone	**... kruna.** ... krúna.

Können Sie den Zahn provisorisch behandeln?	**Možete li mi provizorno popraviti ovaj zub?** móschete li mi prówisorno póprawiti ówaj sub?
Den Zahn bitte nicht ziehen.	**Molim vas nemojte vaditi zub.** mólim waß némojte wáditi sub.
Geben Sie mir bitte eine Spritze.	**Molim vas dajte mi injekciju.** mólim waß dájte mi injéktziju.
Geben Sie mir bitte keine Spritze.	**Molim vas nemojte mi dati injekciju.** mólim waß némojte mi dáti injéktziju.
Können Sie diese Prothese reparieren?	**Možete li popraviti ovu protezu?** móschete li póprawiti ówu protésu?

Das könnten Sie hören:

Trebate ... trébate ...   Sie brauchen eine ...

... plombu. ... plómbu.   ... Füllung.

... krunu ... krúnu.   ... Krone.

... most. ... moßt.   ... Brücke.

Moram vam izvaditi ovaj zub.
móram wam íswaditi ówaj sub.

Ich muss den Zahn ziehen.

Dobro isperite.   Bitte gut spülen.
dóbro ißpérite.

Dva sata ne smijete ništa jesti.
dwa ßáta néßmijete níschta jéßti.

Bitte zwei Stunden nichts essen.

Weitere Wörter

Abdruck	**otisak** ótißak
Amalgamfüllung	**amalgamska plomba**
	amálgamßka plómba
Gebiss *(Prothese)*	**proteza** protésa
Goldinlay	**zlatni inlay** slátni ínlei
Inlay	**inlay** ínlei
Karies	**karies** kárieß
Kiefer	**čeljust** tschéljußt
Kunststofffüllung	**sintetička plomba**
	ßintétitschka plómba
Nerv	**živac** s̠chíwatz
Parodontose	**parodontoza** parodontósa
Porzellanfüllung	**porculanska plomba**
	portzúlanßka plómba
Provisorium	**provizorna kruna** prówisorna krúna
Weisheitszahn	**umnjak** úmnjak
Wurzel	**korijen** kórijen
Wurzelbehandlung	**vađenje živca (iz zubnog korijena)**
	wádjenje s̠chíwtza (is súbnog kórijena)
Zahn	**zub** sub
Zahnfleisch	**zubno meso** súbno méßo
Zahnfleisch-entzündung	**upala zubnog mesa**
	úpala súbnog méßa
Zahnstein	**zubni kamenac** súbni kaménatz

Zeit & Wetter

... die wichtigsten Sätze

Wie spät ist es?
Koliko je sati?
kóliko je ßáti?

Es ist ein Uhr.
Jedan sat je.
jédan ßat je.

Es ist zwei Uhr.
Dva sata je.
dwa ßáta je.

Es ist fünf nach vier.
Četiri sata je i pet minuta.
tschétiri ßáta je i pet minúta.

Es ist Viertel nach fünf.
Pet i četvrt je.
pet i tschétwrt je.

Es ist halb sieben.
Pola sedam je.
póla ßédam je.

Um wie viel Uhr?
U koliko sati?
u kóliko ßáti?

In einer halben Stunde.
Za pola sata.
sa póla ßáta.

Zwischen zehn und zwölf Uhr.
Između deset i dvanaest sati.
ísmedju déßet i dwánaeßt ßáti.

Es ist (zu) spät.	**(Pre)Kasno je.** (pré)kášno je.

Es ist noch zu früh. ▸ *Uhrzeit, S. 216*	**Još je prerano.** josch je prérano.

Was für ein schönes Wetter heute!

Kako je danas lijepo vrijeme!
káko je dánaß lijépo wrijéme!

Was sagt der Wetterbericht?

Kakva je (vremenska) prognoza?
kákwa je (wrémenßka) prognósa?

Es wird schön.	**Bit će lijepo.** bit tche lijépo.

Es ist ziemlich windig.

Dosta je vjetrovito.
dóßta je wjetrówito.

Es regnet.	**Pada kiša.** páda kíscha.

Wie viel Grad haben wir?

Koliko je stupnjeva?
kóliko je ßtúpnjewa?

Es sind ... Grad (unter null).
▸ *Wetter, S. 220*

... stupnjeva je (ispod nule).
... ßtúpnjewa je (íßpod núle).

Zeit

Uhrzeit

Wie spät ist es?	**Koliko je sati?**	kóliko je ßáti?
Es ist ein Uhr.	**Jedan sat je.**	jédan ßat je.
Es ist zwei Uhr.	**Dva sata je.**	dwa ßáta je.
Es ist zwölf Uhr ...	**Dvanaest sati ...**	dwánaeßt ßáti ...
... mittags.	**... podne je.**	... pódne je.
... nachts.	**... ponoć je.**	... pónotch je.
Es ist fünf nach vier.	**Četiri sata je i pet minuta.** tschétiri ßáta je i pet minúta.	
Es ist Viertel nach fünf.	**Pet i četvrt je.**	pet i tschétwrt je.
Es ist halb sieben.	**Pola sedam je.**	póla ßédam je.
Es ist 15 Uhr 35.	**Petnaest sati i trideset pet minuta je.** pétnaeßt ßáti i trídeßet pet minúta je.	
Es ist Viertel vor neun.	**Četvrt do devet je.** tschétwrt do déwet je.	
Es ist zehn vor acht.	**Za deset (minuta) je osam.** sa déßet (minúta) je óßam.	
Um wie viel Uhr?	**U koliko sati?**	u kóliko ßáti?
Um zehn Uhr.	**U deset sati.**	u déßet ßáti.
Bis elf Uhr.	**Do jedanaest sati.**	do jedánaeßt ßáti.

Von acht bis neun Uhr.	**Od osam do devet sati.** od óßam do déwet ßáti.
Zwischen zehn und zwölf Uhr.	**Između deset i dvanaest sati.** ísmedju déßet i dwánaeßt ßáti.
In einer halben Stunde.	**Za pola sata.** sa póla ßáta.
Es ist (zu) spät.	**(Pre)Kasno je.** (pré)káßno je.
Es ist noch zu früh.	**Još je prerano.** josch je prérano.

Zeitangaben

Abend	**večer** wétscher
abends	**navečer** náwetscher
bald	**uskoro** úßkoro
bis	**do** do
früh	**rano** ráno
gestern	**jučer** jútscher
heute	**danas** dánaß
heute Abend	**večeras** wetschéraß
heute Morgen	**jutros** jútroß
heute Nachmittag	**danas popodne** dánaß popódne
in 14 Tagen	**za četrnaest dana** sa tschetŕnaeßt dána
Jahr	**godina** gódina
jetzt	**sada** ßáda
manchmal	**ponekad** pónekad
Minute	**minuta** minúta
mittags	**u podne** u pódne
Monat	**mjesec** mjéßetz
Morgen	**Morgen**
morgen	**sutra** ßútra
morgens	**ujutro** újutro

nächstes Jahr	**iduće godine** ídutche gódine
Nachmittag	**popodne** popódne
nachmittags	**popodne** popódne
Nacht	**noć** notch
nachts	**noću** nótchu
seit	**od** od
Sekunde	**sekunda** ßekúnda
spät	**kasno** kášno
später	**kasnije** kášnije
Stunde	**sat** ßat
halbe Stunde	**pola sata** póla ßáta
Tag	**dan** dan
übermorgen	**prekosutra** prékoßutra
um	**u** u
Viertelstunde	**četvrt sata** tschétwrt ßáta
vor einem Monat	**prije mjesec dana** príje mjéßetz dána
vor Kurzem	**nedavno** nédawno
vorgestern	**prekjučer** prékjutscher
Vormittag	**prijepodne** prijepódne
vormittags	**prijepodne** prijepódne
Woche	**tjedan** tjédan
Zeit	**vrijeme** wrijéme

Jahreszeiten

Frühling	**proljeće** próljetche
Sommer	**ljeto** ljéto
Herbst	**jesen** jéßen
Winter	**zima** síma

Wochentage

Montag	**ponedjeljak**	pónedjeljak
Dienstag	**utorak**	útorak
Mittwoch	**srijeda**	ßrijéda
Donnerstag	**četvrtak**	tschétwrtak
Freitag	**petak**	pétak
Samstag	**subota**	ßúbota
Sonntag	**nedjelja**	nédjelja

Monate

Januar	**siječanj**	ßijétschanj
Februar	**veljača**	wéljatscha
März	**ožujak**	óschujak
April	**travanj**	tráwanj
Mai	**svibanj**	ßwíbanj
Juni	**lipanj**	lípanj
Juli	**srpanj**	ßŕpanj
August	**kolovoz**	kólowos
September	**rujan**	rújan
Oktober	**listopad**	líßtopad
November	**studeni**	ßtúdeni
Dezember	**prosinac**	próßinatz

Wetter

Was für ein ... Wetter heute!	**Kako je danas ... vrijeme!** káko je dánaß ... wrijéme!
... schönes	**... lijepo** ... lijépo
... schlechtes	**... loše** ... lósche
Wie wird das Wetter ...	**Kakvo će ... biti vrijeme?** kákwo tche ... bíti wrijéme?
... heute?	**... danas** ... dánaß
... morgen?	**... sutra** ... ßútra
Was sagt der Wetterbericht?	**Kakva je (vremenska) prognoza?** kákwa je (wrémenßka) prognósa?
Es wird ...	**Bit će ...** bit tche ...
... schön.	**... lijepo.** ... lijépo.
... schlecht.	**... loše.** ... lósche.
... warm.	**... toplo.** ... tóplo.
... heiß.	**... vruće.** ... wrútche.
... kalt.	**... hladno.** ... chládno.
... schwül.	**... sparno.** ... ßpárno.
Es wird ein Gewitter geben.	**Biti će nevrijeme.** bíti tche néwrijeme.
Die Sonne scheint.	**Sije sunce.** ßíje ßúntze.
Es ist ziemlich windig.	**Dosta je vjetrovito.** dóßta je wjetrówito.
Es regnet.	**Pada kiša.** páda kíscha.
Es schneit.	**Pada snijeg.** páda ßníjég.

Wie viel Grad haben wir?	**Koliko je stupnjeva?** kóliko je ßtúpnjewa?
Es sind ... Grad (unter null).	**... stupnjeva je (ispod nule).** ... ßtúpnjewa je (íßpod núle).

Weitere Wörter

bewölkt	**oblačno** óblatschno
Blitz	**munja** múnja
Dämmerung *(abends)*	**sumrak** ßúmrak
Dämmerung *(morgens)*	**zora** sóra
diesig	**tmurno** tmúrno
Donner	**grmljavina** gŕmljawina
feucht	**vlažno** wláschno
frieren	**smrzavati se** ßmrsáwati ße
es friert	**smrzava se** ßmŕsawa ße
Frost	**mraz** mras
Glatteis	**poledica** póleditza
Grad	**stupanj** ßtúpanj
Hagel	**tuča** tútscha
heiter	**vedro** wédro
Hitze	**vrućina** wrutchína
Hitzewelle	**val vrućine** wal wrutchíne
Hoch	**područje visokog zračnog tlaka** pódrutschje wíßokog srátschnog tláka
klar	**vedro** wédro
Klima	**klima** klíma
kühl	**svježe** ßwjésche
Luft	**zrak** srak
Luftdruck	**zrační tlak** srátschni tlak
Mond	**mjesec** mjéßetz
nass	**mokro** mókro

Nebel	**magla** mágla
Niederschläge	**oborine** óborine
Nieselregen	**kiša koja sipi** kíscha kója ßípi
Regenschauer	**pljusak** pljúßak
regnerisch	**kišovito** kischówito
Schnee	**snijeg** ßnijég
Sonne	**sunce** ßúntze
Sonnenaufgang	**izlazak sunca** íslasak ßúntza
Sonnenuntergang	**zalazak sunca** sálasak ßúntza
sonnig	**sunčano** ßúntschano
Stern	**zvijezda** swijésda
Sturm	**oluja** óluja
stürmisch	**olujno** ólujno
tauen	**topiti** tópiti
es taut	**topi se** tópi ße
Temperatur	**temperatura** temperatúra
Tief	**područje niskog zračnog tlaka** pódrutschje níßkog srátschnog tláka
trocken	**suho** ßúcho
Unwetter	**nevrijeme** néwrijeme
wechselhaft	**promjenljivo** promjénljiwo
Wind	**vjetar** wjétar
Wolke	**oblak** óblak

Deutsch – Kroatisch

Wenn bei kroatischen Verben beide Aspekte (s. S. 17) angegeben werden, steht zuerst der unvollendete und hinter dem Schrägstrich der vollendete Aspekt: jesti/pojesti (essen).

A

Abend večer wétscher; **Guten ~! Dobra večer!** dóbra wétscher!; **heute ~ večeras** wetschéraß

Abendessen večera wétschera

aber ali áli

Abfahrt odlazak ódlasak

abholen podignuti/podići pódignuti/póditchi

abreisen otputovati otpútowati

absichtlich namjerno námjerno

Abteil odjeljak ódjeljak

Adapter adapter adápter

Adresse adresa adréßa

Akku baterija batérija

allein sam *m* ßam; **sama** *f* ßáma

Allergie alergija alérgija

alles sve ßwe

als *(Vergleich)* kao káo; *(zeitlich)* kada káda

alt staro ßtáro

Alter starost ßtároßt

Altstadt stari grad ßtári grad

Ampel semafor ßémafor

Andenken suvenir ßuwénir

anderer drugi drúgi

anfangen početi pótscheti

ankommen stići ßtítchi

Ankunft dolazak dólasak

Anlegestelle *(Schiff)* pristanište príßtanischte

Anmeldung prijava príjawa

Anschluss veza wésa

Ansichtskarte razglednica rásglednitza

ansteckend zarazno ßárasno

antik antički ántitschki

Antwort odgovor ódgowor

Anzahlung kapara kápara

Anzug odijelo odijélo

Apfel jabuka jábuka

Appartement apartman apártman

April travanj tráwanj

arbeiten raditi ráditi

arm siromašan ßirómaschan

Arm ruka rúka

Armband narukvica nárukwitza

Arzt liječnik lijétschnik

Ärztin liječnica lijétschnitza

Aschenbecher pepeljara pepéljara

auf na *(wohin? + akk/wo? + lok)*
na
Aufenthalt boravak bórawak
aufhören prestati préßtati
Auge oko óko
Augenarzt okulist okúlißt
August kolovoz kólowos
aus iz *(+ gen)* is
Ausflug izlet íslet
Ausflugsboot izletnički čamac
ísletnitschki tschámaz
Ausgang izlaz íslas
Auskunft informacije
informátzije
ausmachen *(Licht)* **ugasiti**
ugáßiti; *(vereinbaren)*
dogovoriti dogóworiti
Aussicht vidik wídik
aussteigen silaziti/sići ßílasiti/
ßítchi
Ausstellung izložba ísloschba
ausverkauft rasprodano
ráßprodano
Auswahl izbor ísbor
Ausweis iskaznica íßkasnitza
Auto auto áuto
Autobahn autoput áutoput
Autofähre trajekt trájekt

B

Baby beba béba
Babyfläschchen bočica za bebe
bótschitza sa bébe
Bäckerei pekarnica pékarnitza

Bad kupaonica kupaónitza
Badeanzug kupaći kostim
kúpatchi kóßtim
Badehose kupaće gaćice
kúpatche gátchitze
Bademantel ogrtač za kupanje
ogŕtatsch sa kúpanje
Badewanne kada káda
Bahnhof kolodvor kólodwor
Bahnsteig peron péron
bald uskoro úßkoro; **Bis ~!**
Do uskoro! do úßkoro!
Ballett balet balét
Banane banana banána
Bank banka bánka
Banküberweisung bankovna
doznaka bánkowna dósnaka
bar u gotovini u gotowíni
Bar bar bar
Batterie baterija batérija
Bauch trbuh tŕbuch
Baum stablo ßtáblo
Baumwolle pamuk pámuk
Becher vrč wrtch
bedeuten značiti snátschiti
beginnen početi pótscheti
begleiten pratiti prátiti
behindert invalidno inwálidno
behindertengerecht
prilagođeno invalidima
prilágodjeno inwalídima
bei kod *(+ gen)* kod
beige bež beßch
Bein noga nóga

Beispiel primjer prímjer; **zum ~ na primjer** na prímjer

belästigen napastovati nápaßtowati

bequem udobno údobno; *(Möbel, Kleidung)* ugodno úgodno

Berg brdo bŕdo

Beruf zanimanje sanímanje

Besen metla métla

besetzt zauzeto sáuseto

besichtigen razgledavati/ razgledati rasgledáwati/ rasglédati

Besteck pribor za jelo príbor sa jélo

bestellen naručiti narútschiti

besuchen posjetiti pósjetiti

Betrag iznos ísnoß

Bett krevet kréwet

Bettwäsche posteljina poßteljína

bezahlen platiti plátiti; **getrennt ~** odvojeno platiti ódwojeno plátiti; **zusammen ~** zajedno platiti sájedno plátiti

Bier pivo píwo

billig jeftino jéftino

Birne kruška krúschka

bis do *(+ gen)* do

Biss ujed újed

ein bisschen malo málo

bitte molim mólim

blau plavo pláwo

bleiben ostati óßtati

Bleistift olovka ólowka

blind slijepo ßlijépo

Blitz *(Wetter)* munja múnja; *(Foto)* blic blitz

Blume cvijet tzwíjet

Bluse bluza blúsa

Blut krv krw

Boutique butik butík

brauchen trebati trébati

braun smeđe ßmédje

Brief pismo píßmo

Briefmarke poštanska marka póschtanßka márka

Brille naočale náotschale

Brot kruh kruch

Brötchen pecivo pétziwo

Brücke most moßt

Bruder brat brat

Brunnen zdenac sdénatz

Brust prsa pŕßa

Buch knjiga knjíga

Buchhandlung knjižara knjíschara

Bungalow bungalov búngalow

bunt šareno scháreno

Burg kula kúla

Bürste četka tschétka

Bus autobus áutobuß

Busbahnhof autobusni kolodvor áutobußni kólodwor

Butter putar pútar

C

Café *(auf Schildern)* **café** kafé
Camping kampiranje kampíranje
Chor zbor sbor

D

da *(örtlich)* **ovdje** ówdje
Dach krov krow
Dämmerung *(abends)* **sumrak** ßúmrak; *(morgens)* **zora** sóra
Dampfbad parna kupelj párna kúpelj
danke hvala chwála
dann tada táda
das to to
Datum datum dátum
dauern trajati trájati
Deck paluba páluba
Decke *(Bett-)* **pokrivač** pokríwatsch; *(Zimmer-)* **strop** ßtrop
denken misliti míßliti
Denkmal spomenik ßpómenik
Deo dezodoran desodóran
deutsch njemačko njématschko
Deutsch njemački njématschki
Deutsche Njemica njémitza; **~r Nijemac** nijématz
Deutschland Njemačka njématschka
Dezember prosinac próßinatz
Diät dijeta dijéta
dick debelo débelo

Dieb lopov lópow
Dienstag utorak útorak
dieser ovaj ówaj
diesig tmurno tmúrno
Digitalkamera digitalna kamera dígitalna kámera
Ding stvar ßtwar
direkt direktno díre ktno
Dirigent dirigent dirígent
Dom katedrala katedrála
Donner grmljavina gŕmljawina
Donnerstag četvrtak tschétwrtak
Dorf selo ßélo
dort tamo támo; **~ hinten tamo otraga** támo otrága
draußen vani wáni
drehen okretati ókretati
dringend hitno chítno
drinnen unutra únutra
du ti ti
dumm glupo glúpo
dunkel tamno támno
dünn tanko tánko
durch kroz kros
Durchfall proljev próljew
dürfen smjeti ßmjéti; **Darf ich Smijem li?** ßmíjem li?
durstig sein biti žedan *m* bíti schédan; **biti žedna** *f* bíti schédna
Dusche tuš tusch
Duschgel gel za tuširanje gel sa túschiranje

E

ebenerdig prizemno prísemno

EC-Karte EC-kartica e tze kártitza

echt pravo práwo

Ecke ugao úgao

Ei jaje jáje

Eimer kanta kánta

ein jedan jédan; ~e jedna jédna; ~es jedno jédno

einfach jednostavno jédnoßtawno

einfarbig jednobojno jédnobojno

Eingang ulaz úlas

einkaufen kupovati kúpowati

Einkaufszentrum trgovački centar tŕgowatschki tzéntar

einladen pozvati póswati

einschalten uključiti ukljútschiti

einschlafen zaspati sáßpati

einsteigen ući útchi

Eintritt ulaz úlas

Eis *(Speise-)* sladoled ßládoled

Empfang prijem príjem

empfehlen preporučiti prepórutschiti

empfindlich osjetljivo oßjétljiwo

Ende kraj kraj

Endstation zadnja stanica sádnja ßtánitza

eng tijesno tijéßno

entwerten poništiti pónischtiti

Entzündung upala úpala

er on on

Erdbeeren jagode jágode

Erde zemlja sémlja

Erdgeschoss prizemlje prísemlje

erfreut obradovan óbradowan

Erkältung prehlada préchlada

Ermäßigung popust pópußt

essen jesti/pojesti jéßti/ pojéßti; ~ gehen ići jesti ítchi jéßti

Essen jelo jélo

Etage kat kat

etwas nešto néschto; ~ anderes nešto drugo néschto drúgo

Euro eur éur; euri *pl* éuri

F

Fähre trajekt trájekt

fahren voziti (se) wósiti (ße)

Fahrkarte (vozna) karta (wósna) kárta

Fahrplan red vožnje red wóschnje

Fahrpreis cijena vožnje tzijéna wóschnje

Fahrrad bicikl bitzíkl

Familie obitelj obítelj

Farbe boja bója

Februar veljača wéljatscha

fehlen nedostajati nedóßtajati

Fehler greška gréschka

Feinkostgeschäft trgovina delikatesama trgówina delikatéßama

Fensterplatz mjesto do prozora mjéßto do prósora

Ferien ferije n / sg férije

Ferienhaus kuća za odmor kútcha sa ódmor

Ferienwohnung turistički apartman turíßtitschki apártman

Fernseher televizor telewísor

Festspiele festival feßtíwal

Festung tvrđava twŕdjawa

fett masno máßno

feucht vlažno wláschno

Feuer vatra wátra

Feuerlöscher aparat za gašenje apárat sa gáschenje

Feuerzeug upaljač upáljatsch

Fieber temperatura temperatúra

Fieberthermometer toplomjer tóplomjer

filmen snimati ßnímati

Filmkamera filmska kamera fílmßka kámera

finden naći/pronaći nátchi/ prónatchi

Finger prst prßt

Fisch riba ríba

fischen loviti ribu lówiti ríbu

FKK-Strand nudistička plaža nudíßtitschka pláscha

Flasche boca bótza

Flaschenöffner otvarač za boc otwáratsch sa bótze

Fleisch meso méßo

fliegen letjeti létjeti

Flohmarkt stara krama ßtára kráma

Flughafen zračna luka srátschna lúka

Flughafenbus autobus zračne luke áutobuß srátschne lúke

Flugzeug avion awíon

Fluss rijeka rijéka

Föhn fen za kosu fen sa kóßu

Fotoapparat fotoaparat fóto-apárat

Fotogeschäft trgovina foto-priborom trgówina fóto-príborom

fotografieren slikati ßlíkati

Foyer foaje foajé

fragen pitati pítati

Frau gospođa góßpodja

Frauenarzt ginekolog ginekóló

frei slobodno ßlóbodno

Freilichtbühne ljetna pozornic ljétna póßornitza

Freitag petak péták

Freund prijatelj príjatelj; ~in prijateljica prijatéljitza

Friedhof groblje gróblje

frisch svježe ßwjéßche

Friseur frizer fríser

Frisur frizura frisúra

Frost mraz mras
früh rano ráno
Frühling proljeće próljetche
Frühstück doručak dórutschak
Frühstücksraum sala za
    doručak ßála sa dórutschak
Führung vodstvo wódßtwo
Fundbüro ured za izgubljene
    stvari úred sa ísgubljene
    ßtwári
funktionieren funkcionirati
    funktzionírati
für za *(+ akk)* sa
Fuß stopalo ßtópalo
Fußball nogomet nógomet
Fußgängerzone pješačka zona
    pjéschatschka sóna

G

Gabel vilica wílitza
Galerie galerija galérija
ganz cijelo tzijélo
Garantie garancija garántzija
Garderobe garderoba
    garderóba
Garten vrt wrt
Gaskartusche plinska kartuša
    plínßka kartúscha
Gast gost goßt
Gebäck pecivo pétziwo
geben davati/dati dáwati/dáti
Gebirge planine plánine
gebrochen slomljeno ßlómljeno
gefährlich opasno ópaßno

Gegend predio prédio
gegenüber nasuprot náßuprot
Geheimzahl PIN pin
gehen ići ítchi
gehören pripadati prípadati
gelb žuto s̱chúto
Geld novac nówatz
Geldautomat bankomat
    bankomát
Gemälde umjetnička slika
    úmjetnitschka ßlíka
gemeinsam zajedno sájedno
Gemüse povrće pówrtche
genau točno tótschno
genügen dovoljno dówoljno
geöffnet otvoreno ótworeno
Gepäck prtljaga prtljága
Gepäckaufbewahrung čuvanje
    prtljage tschúwanje prtljáge
geradeaus ravno ráwno
Gericht *(Essen)* **jelo** jélo
gern haben imati rado ímati
    rádo
Geschäft *(Handel)* **posao** póßao
Geschenk poklon póklon
Geschirr posuđe póßudje
geschlossen zatvoreno
    sátworeno
Geschwister braća i sestre
    brátcha i ßéßtre
Gesicht lice lítze
gestern jučer jútscher
gestohlen ukradeno ukrádeno
gesund zdravo sdráwo

Getränk piće pítche
gewinnen pobijediti pobijédíti
Gewürze začini sátschini
gewürzt začinjeno sátschinjeno
giftig otrovno ótrowno
Gipfel vrh wrch
Glas čaša tscháscha
glauben vjerovati wjérowati
glücklich sretno ßrétno
Gold zlato sláto
Grab grob grob
Gräte riblja kost ríblja koßt
grau sivo ßíwo
Grenze granica gránitza
Grippe gripa grípa
groß veliko wéliko
größer veće wétche
grün zeleno séleno
Gurke krastavac kráßtawatz
Gürtel pojas pójaß
gut dobro dóbro; **Sehr ~!**
  Vrlo dobro! wŕlo dóbro!
Gutschein bon bon

H

Haar kosa kóßa
haben imati ímati; **Haben**
  Sie …? Imate li …? ímate li …?
Hafen luka lúka
Hagel tuča tútscha
halb pola póla; **~e Stunde**
  pola sata póla ßáta
Halbinsel poluotok póluotok
Hals vrat wrat

Hals-Nasen-Ohren-Arzt liječni
  za uho-grlo-nos lijétschnik
  sa úcho-gŕlo-noß
Halstuch marama márama
halten *(Bus usw.)* stajati ßtájati
  (in der Hand) držati dŕschati
Haltestelle postaja póßtaja
Hammer čekić tschékitch
Hand ruka rúka
Handcreme krema za ruke
  kréma sa rúke
Handgepäck ručna prtljaga
  rútschna prtljága
Handschuhe rukavice
  rukáwitze
Handtasche ručna torbica
  rútschna tórbitza
Handtuch ručnik rútschnik
Handy mobitel móbitel
Handynummer broj mobitela
  broj móbitela
hart tvrdo twŕdo
Haus kuća kútcha
hausgemacht domaće
  dómatche
Haut koža kóscha
Hautarzt liječnik za kožne
  bolesti lijétschnik sa kóschne
  bóleßti
heiß vruće wrútche
heißen zvati se swáti ße
heiter vedro wédro
Heizung grijanje gríjanje
helfen pomoći pómotchi

Helm **kaciga** kátziga
Hemd **košulja** kóschulja
Herbst **jesen** jéßen
Herr **gospodin** goßpódin
Herz **srce** ßŕtze
heute **danas** dánaß
hier **ovdje** ówdje
Hilfe **pomoć** pómotch
hinten **otraga** otrága
hinter **iza** *(+ gen)* ísa
Hitze **vrućina** wrutchína
hoch **visoko** wíßoko
Hof **dvorište** dwórischte
holen **donijeti** dónijeti
homöopathisch **homeopatsko**
   chomeópatßko
Honig **med** med
hören **slušati/čuti** ßlúschati/
   tschúti
Hose **hlaće** chlátche
Hotel **hotel** chótel
Hügel **brežuljak** breschúljak
Hund **pas** paß
hungrig sein **biti gladan** *m*
   bíti gládan; **biti gladna** *f*
   bíti gládna
Hupe **truba** trúba
Husten **kašalj** káschalj
Hut **šešir** schéschir

I

ich **ja** ja
immer **uvijek** úwijek
in **u** *(+ akk)* u

Infektion **infekcija** inféktzija
Inschrift **natpis** nátpiß
Insektenstich **ubod insekta**
   úbod ínßekta
Insel **otok** ótok
Insulin **inzulin** insúlin
interessant **interesantno**
   interéßantno
Internist **internist** interníßt

J

ja **da** da
Jacke **jakna** jákna
Jahr **godina** gódina; **nächstes ~**
   iduće godine ídutche gódine
Januar **siječanj** ßijétschanj
Jeans **traperice** tráperitze
jemand **netko** nétko
Jod **jod-tinktura** jod-tinktúra
Joghurt **jogurt** jógurt
Jugendherberge **hostel**
   (za mladež) chóßtel
   (sa mládesch)
Juli **srpanj** ßŕpanj
jung **mlado** mládo
Junge **dječak** djétschak
Juni **lipanj** lípanj
Juwelier **zlatar** slátar

K

Kabel **kabel** kábel
Kabelfernsehen **kabelska**
   televizija kábelßka telewísija
Kaffee **kava** káwa

Kakao kakao kakáo
kalt hladno chládno
Kamm češalj tschéschalj
Kanister kanistar kániβtar
Kanne čajnik tschájnik
Kapelle kapela kapéla
kaputt pokvareno pókwareno
Karte karta kárta
Kartoffel krumpir krúmpir
Käse sir βir
Kasse blagajna blágajna
Katalog katalog katálog
Kathedrale katedrala katedrála
kaufen kupiti kúpiti
Kaution kaucija káutzija
Kegelbahn kuglana kuglána
kein nijedan níjedan
Kekse keksi kékβi
Kellner konobar kónobar; ~in
   konobarica kónobaritza
Keramik keramika kerámika
Kerze svijeća βwijétcha
Kette lanac lánatz; (Hals-)
   lančić lántschitch
Kilo kilogram kílogram
Kilometer kilometar kílometar
Kind dijete dijéte
Kinderarzt liječnik za dječje
   bolesti lijétschnik
   sa djétschje bóleβti
Kindersitz dječje sjedalo
   djétschje βjédalo
Kino kino kíno
Kiosk kiosk kíoβk

Kirche crkva tzŕkwa
Kirchturm crkveni toranj
   tzŕkweni tóranj
Kirschen trešnje tréschnje
klar (Wetter) vedro wédro
Klebeband ljepljiva traka
   ljépljiwa tráka
Klebstoff ljepilo ljépilo
Kleid haljina cháljina
klein maleno máleno
klettern penjati se pénjati βe
Klimaanlage klima-uređaj
   klíma-úredjaj
Kloster samostan βámoßtan
Kneipe gostionica goßtiónitza
Knie koljeno kóljeno
Knochen kost koßt
Knopf gumb gumb
kochen kuhati kúchati
Koffer kofer kófer
kommen aus biti iz (+ gen) bíti is
können moći mótchi
Kontrolleur kontrolor kontrólor
Kopf glava gláwa
Korkenzieher vadičep
   wáditschep
Körper tijelo tijélo
kosten koštati kóschtati
krank bolesno bóleßno
Krankenhaus bolnica bólnitza
Krawatte kravata krawáta
Kreditkarte kreditna kartica
   kréditna kártitza
Kreuz križ krisch

Kreuzfahrt krstarenje krštárenje

Kreuzung križanje krísçhanje

Kroate Hrvat chr̃wat

Kroatin Hrvatica chrwátitza

Kroatien Hrvatska chr̃watßka

kroatisch hrvatski chr̃watßki

kroatische Kuna hrvatska kuna chr̃watßka kúna

Küche kuhinja kúchinja

Kuchen kolač kólatsch

Kugelschreiber kemijska olovka kémijßka ólowka

kühl prohladno próchladno

Kühlschrank hladnjak chládnjak

Kunst umjetnost úmjetnoßt

Kunsthandwerk umjetnički obrt úmjetnitschki óbrt

Kurs *(Wechsel-)* **tečaj** tétschaj

Kurve zavoj sáwoj

kurz kratko krátko

küssen ljubiti/poljubiti ljúbiti/ poljúbiti

Küste obala óbala

L

lachen smijati se ßmíjati ße

Lack lak lak

Lampe lampa lámpa

Landkarte zemljopisna karta sémljopißna kárta

Landschaft pejsaž péjßasch

Landstraße cesta tzéßta

Landung slijetanje ßlijétanje

lang dugo dúgo

langsam sporo ßpóro

laut glasno gláßno

leben živjeti ẕchíwjeti

Lebensmittelgeschäft trgovina prehranbenim artiklima trgówina préchranbenim artíklima

Leder koža kóscha

leer prazno prásno

leicht lagano lágano

lernen učiti útschiti

lesen čitati tschítati

letzte posljednja póßljednja; **~r posljednji** póßljednji; **~s posljednje** póßljednje

Licht svjetlo ßwjétlo

Lichtschutzfaktor faktor zaštite od sunca fáktor sáschtite od ßúntza

lieben voljeti/voliti wóljeti/ wóliti

lieber radije rádije

Liegestuhl ležaljka léschaljka

Lift lift lift; *(Ski-)* **žičara** ẕchítschara

Limonade limunada limunáda

links lijevo lijéwo

Lippenstift ruž za usne ruscḥ sa úßne

Löffel žlica ẕchlítza

Luft zrak srak

Luftmatratze zračni madrac srátschni mádratz

M

machen činiti tschíniti
Mädchen djevojčica
   djewójtschitza
Magen želudac schéludatz
mager nemasno némaßno;
   (Fleisch) krto kŕto
Mai svibanj ßwíbanj
Malerei slikarstvo ßlikárßtwo
man se ße
manchmal ponekad pónekad
Mann muškarac muschkáratz
Mannschaft momčad
   mómtschad
Mantel kaput káput
Markt sajam ßájam
Markthalle tržnica tŕschnitza
März ožujak óschujak
Massage masaža maßáscha
Matratze madrac mádratz
Maut cestarina tzeßtárina
Mautstelle naplatna postaja
   za cestarinu náplatna
   póßtaja sa tzeßtárinu
Medizin medicina meditzína
Meer more móre
mehr više wísche
meinen smatrati ßmátrati
Mensch čovjek tschówjek
Messer nož nosch
Meter metar métar
Miete najamnina najamnína
mieten unajmiti unájmiti
Milch mlijeko mlijéko

Mineralwasser mineralna voda
   míneralna wóda
Minigolfplatz igralište za mini-
   golf ígralischte sa míni-golf
Minute minuta minúta
mit s (sa) *(+ instr)* ß (ßa)
mitnehmen ponijeti pónijeti
Mittagessen ručak rútschak
Mittel sredstvo ßrédßtwo
Mittwoch srijeda ßrijéda
Mobiltelefon mobitel móbitel
modern moderno móderno
mögen voljeti wóljeti
möglich moguće mógutche
Monat mjesec mjéßetz; **vor**
   einem ~ prije mjesec dana
   príje mjéßetz dána
Mond mjesec mjéßetz
Montag ponedjeljak
   pónedjeljak
morgen sutra ßútra; **Bis ~!**
   Do sutra! do ßútra!
Morgen jutro jútro; **heute ~**
   jutros jútroß
morgens ujutro újutro
Moskitonetz zaštitna mreža
   protiv komaraca sáschtitna
   mrescha prótiv komáratza
Moskitospirale spirala protiv
   komaraca ßpiréla prótiv
   komáratza
Motorboot motorni čamac
   mótorni tschámatz
Motorrad motocikl mototzíkl

müde umorno úmorno
Mühle mlin mlin
Mullbinde zavoj od gaze sáwoj od gáse
Mülleimer kanta za smeće kánta sa ßmétche
Mund usta úßta
Münze kovanica kowánitza
Muscheln školjke schkóljke
Museum muzej músej
Musical mjuzikl mjúsikl
Musik glazba glásba
Musikgeschäft trgovina glazbenim artiklima trgówina glásbenim artíklima
Müsli misli míßli
müssen morati mórati
Mutter majka májka
Mütze kapa kápa

N

nach nakon nákon
Nachbar susjed ßúßjed
Nachmittag popodne popódne; **heute ~ danas popodne** dánaß popódne
Nachricht vijest wijéßt
Nachsaison podsezona pódßesona
nächste slijedeća ßlijédetcha; **~r slijedeći** ßlijédetchi; **~s slijedeće** ßlijédetche
Nacht noć notch; **Gute ~! Laku noć!** láku notch!

Nacken potiljak pótiljak
nackt golo gólo
Nagel *(Finger-)* **nokat** nókat
Nagelbürste četkica za nokte tschétkitza sa nókte
Nagelfeile turpijica za nokte túrpijitza sa nókte
Nagellack lak za nokte lak sa nókte
Nagelschere škarice za nokte schkáritze sa nókte
Name ime íme
Nase nos noß
nass mokro mókro
Nationalität nacionalnost natzionálnoßt
Nationalpark nacionalni park nátzionalni park
Natur priroda príroda
Nebel magla mágla
neben pokraj *(+ gen)* pókraj
nehmen uzeti úseti
nein ne ne
nennen navesti náweßti
nett zgodno sgódno
neu novo nówo
nicht ne ne
nie nikada níkada
Niederschläge oborine óborine
niemand nitko nítko
noch još josch
Norden sjever ßjéwer
Notarzt liječnik hitne pomoći lijétschnik chítne pómotchi

Notausgang izlaz za nuždu
íslas sa núschdu
November studeni ßtúdeni
Nudeln rezanci résantzi
Nummer broj broj
nur samo ßámo

O

oben gore góre
Obst voće wótche
oder ili íli
offen otvoreno ótworeno
oft često tschéßto
ohne bez *(+ gen)* bes
Ohr uho úcho
Oktober listopad líßtopad
Öl ulje úlje
Oliven masline máßline
Oper opera ópera
Operette opereta operéta
Opernhaus operna kuća óperna
kútcha
Optiker optičar óptitschar
Orange naranđa nárandja
Orchester orkestar órkeßtar
Ordnung red red
Orgel orgulje órgulje
Original original origínal
Orthopäde ortoped ortóped
Ostern Uskrs úßkrß
Österreich Austrija áußtrija
Österreicher Austrijanac
außtríjánatz; ~in Austrijanka
außtríjánka

P

Päckchen paketić pakétitch
Packung pakovanje pákowanje
Palast palača pálatscha
Panne kvar kwar
Parfüm parfem párfem
Parfümerie parfimerija
parfimérija
Park park park
parken parkirati párkirati
Parkhaus javna garaža jáwna
garáscha
Parkplatz parkiralište
parkíralischte
Parkverbot zabrana parkiranja
sábrana parkíranja
Partner partner pártner; ~in
partnerica pártneritza
Pause pauza páusa
Person osoba óßoba
Pfanne tava táwa
Pfeife lula lúla
Pfingsten Duhovi dúchowi
Pfirsich breskva bréßkwa
Pflaume šljiva schljíwa
Pilot pilot pílot
pink ružičasto rúschitschaßto
Pinzette pinceta pintzéta
Plakat plakat plákat
Platz mjesto mjéßto
Polizei policija polítzija
Polizist policajac politzájatz
Portal portal pórtal
Post pošta póschta

Postleitzahl poštanski broj
  póschtanßki broj
Preis cijena tzijéna
preiswert povoljno pówoljno
probieren probati próbáti
Prospekt prospekt próßpekt
Proviant užina úschina
Pullover pulover pulówer
putzen čistiti tschíßtiti
Putzmittel sredstvo za čišćenje
  ßrédßtwo sa tschíschtchenje

Q
Qualität kvaliteta kwalitéta
Quelle izvor íswor
Quittung potvrda pótwrda

R
Rabatt popust pópußt
Radiergummi brisalo bríßalo
Radio radio rádio
Radweg biciklistička staza
  bitziklißtitschka ßtása
**Rasierapparat aparat za
  brijanje** apárat sa bríjanje
rasieren brijati (se) bríjati (ße)
Rasierklinge žilet schilét
Rasierschaum pjena za brijanje
  pjéna sa bríjanje
Raststätte odmaralište
  odmáralischte
Rat savijet ßáwijet
Rathaus vijećnica wijétchnitza
rauchen pušiti púschiti

Raucher pušač púschatsch
rechnen računati ratschúnati
Rechnung račun rátschun
Rechtsanwalt odvjetnik
  ódwjetnik
rechts desno déßno
rechtzeitig na vrijeme na
  wrijéme
reden govoriti gowóriti
Regen kiša kíscha
Regenmantel kišni ogrtač
  kíschni ogŕtatsch
Regenschauer pljusak pljúßak
regnerisch kišovito kischówito
reich bogato bógato
Reifen vanjska guma wánjßka
  gúma
Reihe red red
Reinigung čišćenje
  tschíschtchenje
Reis riža ríscha
Reise putovanje putowánje
Reisebüro turistička agencija
  turíßtitschka agéntzija
Reiseführer turistički vodič
  turíßtitschki wóditsch
Reisepass putovnica
  putównitza
Reisetasche putna torba pútna
  tórba
**Reißverschluss patentni
  zatvarač** pátentni
  satwáratsch
reiten jahati jáchati

Reklamation reklamacija reklamátzija

reparieren popraviti póprawiti

reservieren rezervirati resérwirati

reserviert rezervirano resérwirano

Restaurant restoran reßtóran

retten spašavati/spasiti ßpascháwati/ßpáßiti

Rettungsboot čamac za spašavanje tschámatz sa ßpascháwanje

Rettungsring pojas za spašavanje pójaß sa ßpascháwanje

Rezept recept rétzept

Rezeption recepcija retzéptzija

richtig točno tótschno

Richtung smjer ßmjer

riechen mirisati míríßati

Ring prsten prßten

Rippe rebro rébro

riskant riskantno rißkántno

Riss pukotina púkotina

rodeln sanjkati se ßánjkati ße

roh sirovo ßírowo

rollen koturati kóturati

Rollstuhl invalidska kolica inwálidßka kolítza

rosa roza rósa

rot crveno tzŕweno

Rotwein crno vino tzŕno wíno

Route ruta rúta

Rücken leđa lédja

rückerstatten nadoknaditi nadóknaditi

Rückfahrt povratak pówratak

Rückflug povratni let pówratn lét

Rücksitz stražnje sjedalo ßtráschnje ßjédalo

rückwärts natraške nátraschke

Rückweg put nazad put násad

Ruderboot čamac na vesla tschámatz na wéßla

rufen zvati swáti

Ruhe tišina tischína

Ruine ruševina rúschewina

Rundfahrt kružna vožnja krúschna wóschnja

S

Saal dvorana dwórana

Sache stvar ßtwar

Sackgasse slijepa ulica ßlíjepa úlitza

Safe sef ßef

Saft sok ßok

Sahne vrhnje wŕchnje

Saison sezona ßesóna

Salat salata ßaláta

Salbe mast maßt

Salz sol ßol

Sammlung zbirka sbírka

Samstag subota ßúbota

Sand pijesak pijéßak

Sandalen sandale ßandále

Sandstrand pješčana plaža
pjéschtschana plás̱cha
Sänger pjevač pjéwatsch; **~in**
pjevačica pjewátschitza
satt sein biti sit *m* bíti ßit;
biti sita *f* bíti ßíta
Sattel sjedalo ßjédalo
sauber čisto tschíßto
sauer kiselo kíßelo
Säule stup ßtup
Sauna sauna ßáuna
Schachtel kutija kútija
Schaden šteta schtéta
schädlich štetno schtétno
Schaffner kondukter kondúkter
Schal šal schal
Schale *(Gefäß)* posuda póßuda
Schalter šalter schálter
scharf ljuto ljúto
Schatten sjena ßjéna
Schaufenster izlog íslog
Schauspieler glumac glúmatz;
~in glumica glúmitza
Scheibe *(Brot)* komad kómad;
(Fenster-) staklo ßtáklo
Schein *(Dokument)* isprava
íßprawa; *(Geld-)* novčanica
nówtschanitza
Scheinwerfer far far
schenken pokloniti poklóniti
Scherbe krhotina kŕchotina
Schere škare schkáre
scheußlich ružno rús̱chno
schicken slati ßláti

schieben gurati gúrati
Schiedsrichter sudac ßúdatz
Schiff brod brod
Schiffsagentur brodska
agencija bródßka agéntzija
Schild natpis nátpiß
Schimpfwort pogrdna riječ
pógrdna rijétsch
Schirm kišobran kíschobran
Schirmmütze kapa sa šiltom
kápa ßa schíltom
Schlafanzug pidžama pidjáma
schlafen spavati ßpáwati
Schlafsack vreća za spavanje
wrétcha sa ßpáwanje
Schlafwagen spavaća kola
ßpáwatscha kóla
schlank vitko wítko
Schlauch unutarnja guma
únutarnja gúma
Schlauchboot gumeni čamac
gúmeni tschámatz
schlecht loše lósche
schließen zatvoriti satwóriti
Schließfach pretinac
za zaključavanje prétinatz
sa sakljutscháwanje
schlimm loše lósche
Schloss *(Gebäude)* dvorac
dwóratz
Schlucht klanac klánatz
schlucken gutati gútati
Schluss završetak sawrschétak
Schlüssel ključ kljutsch

Schlussverkauf rasprodaja
ráßprodaja
schmal usko úßko
schmecken prijati príjati
Schmerzmittel lijek protiv
bolova liják prótiw bólowa
Schminke šminka schmínka
Schmuck nakit nákit
schmutzig prljav přljaw
Schnaps rakija rákija
schnarchen hrkati chŕkati
Schnee snijeg ßnijég
Schneeketten lanci za snijeg
lántzi sa ßnijég
schneiden rezati résati
schneien sniježiti ßnijéschiti;
es schneit pada snijeg páda
ßnijég
schnell brzo bŕso
Schnitzerei rezbarija resbárija
Schnuller duda varalica dúda
wáralitza
Schnupfen prehlada préchlada
Schnürsenkel vezice za cipele
wésitze sa tzípele
Schokolade čokolada
tschokoláda
schön lijepo lijépo
Schonkost dijetalna hrana
díjetalna chrána
Schrank ormar órmar
Schraube vijak wíjak
Schraubenzieher odvijač
odwíjatsch

schrecklich strašno ßtráschno
schreiben pisati píßati
schreien vikati wíkati
Schuhcreme krema za cipele
kréma sa tzípele
Schuhe cipele tzípele
Schuhgeschäft trgovina
obućom trgówina óbutchom
Schuhmacher postolar póßtola
Schule škola schkóla
Schüler učenik útschenik
Schulter rame ráme
Schüssel zdjela sdjéla
Schutz zaštita sáschtita
schwach slabo ßlábo
schwanger trudna trúdna
schwarz crno tzŕno
Schwarzbrot crni kruh tzŕni
krúch
Schweiz švicarska schwítzarßk
Schweizer Švicarac
schwítzáratz; **~in Švicarka**
schwítzárka
Schweizer Franken švicarski
franci schwítzarßki frántzi
Schwellung oteklina oteklína
schwer teško téschko
Schwester sestra ßéßtra
Schwimmbad bazen básen
schwimmen plivati plíwati
Schwimmweste prsluk
za plivanje přßluk sa plíwanj
Schwindel vrtoglavica
wrtóglawitza

schwitzen **znojiti se** snójiti ße

schwül **sparno** ßpárno

See **jezero** jésero

seekrank **bolestan od morske bolesti** bóleßtan od mórßke bóleßti

Segelboot **jedrilica** jédrilitza

segeln **jedriti** jédriti

Sehenswürdigkeiten **znamenitosti** snaménitoßti

sehr **jako** jáko

Seide **svila** ßwíla

Seife **sapun** ßápun

Seil **žica** schítza

Seilbahn **žičara** s̪chítschara

sein **biti** bíti

seit **od** (+ gen) od

Seite **strana** ßtrána; (Buch-) **stranica** ßtránitza

Sekunde **sekunda** ßekúnda

selbstverständlich **naravno** nárawno

September **rujan** rújan

Service **servis** ßérwiß

servieren **servirati** ßérwirati

Serviette **salveta** ßalwéta

Sessel **naslonjač** naßlónjatsch

Sessellift **žičara sa sjedalicama** s̪chítschara ßa ßjédalitzama

Shampoo **šampon** schámpon

sicher **sigurno** ßigúrno

Sicherheit **sigurnost** ßigúrnoßt

Sicherheitsgurt **sigurnosni pojas** ßigúrnoßni pójaß

Sicherheitsnadel **ziherica** sícheritza

Sicherung **osigurač** oßigúratsch

Sicht **vidljivost** wídljiwoßt

sie **ona** óna

Sie **vi** wi

Sieg **pobjeda** póbjeda

Silber **srebro** ßrébro

Silvester **Stara godina** ßtára gódina

singen **pjevati** pjéwati

Single **singl** ßíngl

Sitte **običaj** óbitschaj

Sitz **sjedalo** ßjédalo

sitzen **sjediti** ßjédíti

Ski **skija** ßkíja

Skulptur **skulptura** ßkulptúra

SMS **SMS** eß em eß

so **tako** táko

Socken **sokne** ßókne

sofort **odmah** ódmach

Sohn **sin** ßin

Sommer **ljeto** ljéto

Sonderangebot **posebna ponuda** póßebna pónuda

Sondermarke **prigodna marka** prígodna márka

Sonne **sunce** ßúntze

Sonnenaufgang **izlazak sunca** íslasak ßúntza

Sonnenbrand **opekotine od sunca** opékotine od ßúntza

Sonnenbrille **sunčane naočale** ßúntschane náotschale

Sonnencreme krema
za sunčanje kréma
sa ßúntschanje
Sonnenhut šešir za sunce
schéschir sa ßúntze
Sonnenmilch mlijeko
za sunčanje mlijéko
sa ßúntschanje
Sonnenuntergang zalazak
sunca sálasak ßúntza
sonnig sunčano ßúntschano
Sonntag nedjelja nédjelja
Sorte vrsta wŕßta
Souvenir suvenir ßuwénir
Spaß razonoda rásonoda
spät kasno káßno; **~er kasnije**
káßnije
Spaziergang šetnja schétnja
Speisekarte jelovnik jélownik
Speisesaal blagovaonica
blagowaónitza
Speisewagen vagon-restoran
wágon-reßtóran
Spiegel ogledalo oglédalo
Spiel igra ígra
spielen igrati (se) ígrati (ße)
Spielfilm igrani film ígrani film
Spielkarten igraće karte
ígratsche kárte
Spielkasino kasino kaßíno
Spielplatz igralište ígralischte
Spielzeug igračke ígratschke
Spinat špinat schpínat
Spinne pauk páuk

Spitzer šiljarka schíljarka
Sport sport ßport
Sportgeschäft trgovina
sportskim artiklima trgówir
ßpórtßkim artíklima
Sprache jezik jésik
Sprachkurs tečaj jezika tétscha
jésika
Spray sprej ßprej
Spritze injekcija injéktzija
spülen ispirati íßpirati
Spülmittel sredstvo za pranje
suđa ßrédßtwo sa pránje
ßúdja
spüren osjećati/osjetiti
óßjetchati/óßjetiti
Stadion stadion ßtádion
Stadt grad grad
Stadtmauer gradske zidine
grádßke sídine
Stadtrundfahrt kružna vožnja
gradom krúschna wóschnja
grádom
Stadtteil dio grada dío gráda
Stadtzentrum centar grada
tzéntar gráda
stark jako jáko
Starthilfekabel pomoćni kabe
za startanje pómotchni káb
sa ßtártanje
stattfinden održavati se
odŕschawati ße
Statue kip kip
Stau zastoj sáßtoj

Staubsauger usisavač
ußißáwatsch

Stausee umjetno jezero
úmjetno jésero

Steckdose utičnica útitschnitza

Stecker utikač utíkatsch

stehen stajati ßtájati

steigen penjati se pénjati ße

stellen staviti/postaviti
ßtáwiti/póßtawiti

Stern zvijezda swijésda

Sternwarte zvjezdarnica
swjésdarnitza

Steward stjuard ßtjúard; ~ess
stjuardesa ßtjuardéßa

Stich ubod úbod

Stift štift schtift

still mirno mírno

Stimme glas glaß

Stirn čelo tschélo

Stockwerk kat kat

stören smetati ßmétati

stornieren stornirati ßtórnirati

Strafe kazna kásna

Strafzettel obavjest
o prekršaju óbawjeßt
o prékrschaju

Strand plaža pláscha

Strandbad kupalište
kúpalischte

Straße (auf dem Land) cesta
tzéßta; (in der Stadt) ulica
úlitza

Straßenbahn tramvaj trámwaj

Straßenkarte auto-karta
áuto-kárta

Streichhölzer šibice schíbitze

Strom struja ßtrúja

Strümpfe čarape tschárape

Strumpfhose hulahupke
chulachúpke

studieren studirati ßtúdirati

Stufe stepenica ßtépenitza

stufenlos bez stepenica bes
ßtépenitza

Stunde sat ßat

Sturm oluja óluja

Sturmwarnung upozorenje
na oluju uposorénje na óluju

Sturz pad pad

suchen tražiti tráschiti

Süden jug jug

Summe iznos ísnoß

Supermarkt supermarket
ßúpermarket

Surfbrett daska za jedrenje
dáßka sa jédrenje

surfen (Internet) pretraživati
po Internetu pretraschíwati
po ínternetu; (Sport) jedriti
na dasci jédriti na dáßtzi

Süßigkeiten slatkiši ßlatkíschi

Swimmingpool bazen básen

T

Tabak duhan dúchan

Tabletten tablete tabléte

Tag dan dan

Tampons tamponi tampóni
tanken tankirati tankírati
Tankstelle benzinska pumpa
bénsinßka púmpa
tanzen gehen ići na ples ítchi
na pleß
Tänzer plesač pléßatsch; ~in
plesačica pleßátschitza
Tasche torba tórba
Taschendieb džepar dschépar
Taschenlampe džepna lampa
dschépna lámpa
Taschenmesser džepni nož
dschépni noşch
Taschenrechner digitron
dígitron
Taschentuch maramica
máramitza
Tasse šalica schálitza
taub gluho glúcho
tauchen roniti róniti
Taucheranzug ronilačko odijelo
rónilatschko odijélo
Tauchsieder grijač za tekućinu
gríjatsch sa tekútchinu
Taxi taksi tákßi
Taxistand taksi-postaja tákßi-
póßtaja
Tee čaj tschaj
Telefon telefon télefon
Telefonbuch telefonski imenik
télefonßki ímenik
telefonieren telefonirati
telefonírati

Telefonnummer broj telefona
broj télefona
Telefonzelle telefonska
govornica télefonßka
gówornitza
Teller tanjur tánjur
Temperatur temperatura
temperatúra
Tennis tenis téniß
Termin termin términ
teuer skupo ßkúpo
Theater kazalište kásalischte
Theke šank schank
Thermosflasche termos boca
térmoß bótza
Ticket zrakoplovna karta
srákoplowna kárta
tief duboko dúboko
Tief područje niskog zračnog
tlaka pódrutschje níßkog
srátschnog tláka
Tiefgarage podzemna garaža
pódsemna garáşcha
Tier životinja şchiwótinja
Tierarzt veterinar weterínar
Tisch stol ßtol
Tischdecke stolnjak ßtólnjak
Tochter kći ktchi
Toilette WC we tze
Toilettenpapier toaletni papir
toalétni pápir
toll izvrsno íswrßno
Tomate rajčica rájtschitza
Topf lonac lónatz

Töpferware keramički predmeti kerámitschki prédmeti

Torte torta tórta

Touristeninformation turističke informacije turíßtitschke informátzije

tragen nositi nóßiti

trampen putovati autostopom pútowati áutoßtopom

Treppe stepenice ßtépenitze

Trichter lijevak lijéwak

trinken piti píti

Trinkgeld napojnica nápojnitza

Trinkwasser pitka voda pítka wóda

trocken suho ßúcho

Tropfen kapi kápi

Tropfsteinhöhle spilja sa sigama ßpílja ßa ßígama

Tschüs! Bok! bok!

T-Shirt majica májitza

tun činiti tschíniti

Tür vrata wráta

türkis tirkizno tírkisno

Turm toranj tóranj

Tüte vrećica wrétchitza

U

Übelkeit mučnina mutschnína

über preko *(+ lok)* préko

Überfahrt prijevoz prijéwos

Übergepäck višak prtljage wíschak prtljáge

übermorgen prekosutra prékoßutra

übernachten prenoćiti prenótchiti

Übernachtung noćenje nótchenje

überreden nagovarati/ nagovoriti nagowárati/ nagowóriti

Überreste ostaci oßtátzi

Überweisung doznaka dósnaka

übrig višak wíschak

Ufer obala óbala

Uhr sat ßat

Uhrmacher urar úrar

um u *(+ akk)* u

umkehren vratiti se wrátiti ße

Umkleidekabine kabina za presvlačenje kabína sa preßwlátschenje

umsteigen presjedati/presjesti preßjédati/préßjeßti

umtauschen zamijeniti samijéniti

Umweg zaobilaznica sáobilasnitza

und i i

unentschieden nerješeno nérjescheno

ungefähr otprilike otprílike

Unglück nesreća néßretcha

Universität sveučilište ßweútschilischte

unten dolje dólje

unter ispod íßpod
unterbrechen prekidati/
   prekinuti prekídati/prékinuti
Unterhemd potkošulja
   pótkoschulja
Unterkunft smještaj
   ßmjéschtaj
Unterschrift potpis pótpiß
Unterwäsche donji veš dónji
   wesch
Unwetter nevrijeme néwrijeme
Urlaub godišnji odmor
   gódischnji ódmor
Urologe urolog urólog
Ursache uzrok úsrok

V

Varieté varijete warijeté
Vase vaza wása
Vater otac ótatz
vegetarisch vegetarijansko
   wegetaríjanßko
Ventil ventil wéntil
verantwortlich odgovorno
   ódgoworno
Verbandskasten priručna
   apoteka prírutschna apotéka
verboten zabranjeno
   sábranjeno
vereinbaren dogovarati/
   dogovoriti dogowárati/
   dogowóriti
vergessen zaboraviti
   sabórawiti

vergleichen uspoređivati/
   usporediti ußporedjíwati/
   ußporéditi
Vergnügen razonoda rásonod
verheiratet oženjen *m*
   óṣchenjen; **udata** *f* údata
Verkäufer prodavač
   prodáwatsch; **~in**
   prodavačica prodawátschit
Verlängerung produžetak
   produṣchétak
Verlängerungskabel produžni
   kabel próduṣchni kábel
Verletzung ozljeda óßljeda
verlieren izgubiti isgúbiti
vermieten iznajmiti isnájmiti
vermissen nedostajati
   nedóßtajati
verpassen propustiti propúßt
Verpflegung prehrana
   préchrana
verschieden različito
   ráslitschito
verschlafen prespavati
   preßpáwati
Versehen zabuna sábuna
Versicherung osiguranje
   oßiguránje
Verspätung zakašnjenje
   sakaschnjénje
versprechen obećavati/obeća
   obetcháwati/obétchati
verstehen razumjeti rasúmjet
Verstopfung zatvor sátwor

Vertrag ugovor úgowor
verwechseln zamijeniti
samijéniti
verwenden koristiti kórißtiti
Verzeihung! Oprostite!
oprößtite!
vielleicht možda móschda
Viertelstunde četvrt sata
tschétwrt ßáta
Visitenkarte vizit-karta wísit-
kárta
Volkskundemuseum etnološki
muzej etnóloschki músej
voll puno púno
Vollkornbrot integralni kruh
íntegralni kruch
Vollpension puni pansion púni
panßíon
von od *(+ gen)* od
vor pred *(+ akk/+ instr)* pred;
(örtlich) ispred *(+ gen)* ißpred;
(zeitlich) prije *(+ gen)* príje;
~ Kurzem nedavno nédawno
Vorfahrt prednost pri vožnji
prédnoßt pri wóschnji
vorgestern prekjučer
prékjutscher
Vormittag dopodne dopódne
Vorname ime íme
vorne naprijed náprijed
Vorort predgrađe prédgradje
Vorsaison predsezona
prédßesona
Vorschlag prijedlog prijédlog

Vorsicht! Oprez! ópres!
Vorspeise predjelo prédjelo
vorstellen predstavljati/
predstaviti predßtáwljati/
prédßtawiti
Vorverkauf predprodaja
prédprodaja
Vulkan vulkan wúlkan

W

Wagenheber dizalica dísalitza
Waggon vagon wágon
wahr istinito ißtínito
Währung valuta walúta
Wald šuma schúma
Wallfahrtsort mjesto
hodočašća mjéßto
chódotschaschtcha
wandern pješačiti
pjeschátschiti
Wanderweg put za pješačenje
pút sa pjeschátschenje
Wandmalerei zidno slikarstvo
sídno ßlikárßtwo
wann kada káda
Wappen grb grb
warm toplo tóplo
Warndreieck (upozorni) trokut
(úposorni) trókut
Warnung upozorenje
uposorénje
warten čekati tschékati
Wartesaal čekaonica
tschekaónitza

warum zašto sáschto

was što schto

Wäscheklammern kvačice (za rublje) kwátschitze (sa rúblje)

Wäscheleine uže (za rublje) úsche (sa rúblje)

waschen prati/oprati práti/óprati

Wäschetrockner stroj za sušenje rublja ßtroj sa ßúschenje rúblja

Waschmaschine stroj za pranje rublja ßtroj sa pránje rúblja

Waschraum umivaonica umiwaónitza

Wasser voda wóda

Wasserfall vodopad wódopad

Wasserhahn pipa pípa

Watte vata wáta

wechselhaft promjenljivo promjénljiwo

wechseln mijenjati mijénjati

Wechselstube mjenjačnica mjénjatschnitza

Wecker budilica búdilitza

Weg *(Strecke)* **put** put

wegen zbog *(+ gen)* sbog

weich meko méko

Weihnachten Božić bóschitch

Wein vino wíno

Weintrauben zrno grožđe srno gróschdje

weiß bijelo bijélo

Weißwein bijelo vino bijélo wíno

weit daleko dáleko; **nicht ~ nedaleko** nédaleko; **ziemlich dosta daleko** dóßta dáleko

Welle val wal

Welt svijet ßwíjet

(sich) wenden an obratiti se obrátiti ße

wenig malo málo

wer tko tko

Werkstatt radionica radiónitz.

Werkzeug alat álat

Weste prsluk pŕßluk

Westen zapad sápad

Wetter vrijeme wrijéme

wichtig važno wáschno

wie kako káko; **~ viel koliko** kóliko; **~ weit kako daleko** káko dáleko

wiederkommen ponovo doći pónowo dótchi

wiedersehen ponovo vidjeti pónowo wídjeti; **Auf Wiedersehen! Do viđenja!** dowidjénja!

wiegen vagati wágati

Wildleder velur koža welúr kóßcha

Wind vjetar wjétar

Winter zima síma

wir mi mi

Wirbel kralježak králjeschak

Wirbelsäule kičma kítschma

wissen znati snáti
wo gdje gdje
Woche tjedan tjédan
Wochenende vikend wíkend
wohnen stanovati ßtánowati
Wohnmobil auto-karavan
áuto-kárawan
Wohnwagen kamp-kućica
kamp-kútchitza
Wolke oblak óblak
Wolle vuna wúna
wollen htjeti chtjéti
woraus iz čega is tschéga
Wörterbuch rječnik rjétschnik
Wunde rana rána
Wunsch želja schélja
Wurzel korijen kórijen

Z

Zahl broj brój
zählen brojati brójati
Zahn zub sub
Zahnarzt zubar súbar
Zahnbürste četkica za zube
tschétkitza sa súbe
Zahnpasta pasta za zube páßta
sa súbe
Zahnstocher čačkalica
tschátschkalitza
Zange kliješta klijéschta

Zehe nožni prst nóschni prßt
zeigen pokazivati/pokazati
pokasíwati/pokásati
Zeit vrijeme wrijéme
Zeitung novine nówine
Zeitungsstand kiosk s tiskom
kíoßk ßtíßkom
Zelt šator schátor
zelten kampirati kampírati
Zentrum centar tzéntar
zerbrechlich krhko kŕchko
Zeuge svjedok ßwjédok
Zigarette cigareta tzigaréta
Zigarren cigare tzigáre
Zimmer soba ßóba
Zirkus cirkus tzírkuß
Zitrone limun límun
Zoo zoološki vrt sóloschki wrt
Zucker šećer schétscher
zufrieden zadovoljno
sádowoljno
Zug vlak wlak
Zunge jezik jésik
zurück natrag nátrag
zusammen zajedno sájedno
zuständig nadležno nádleschno
zuverlässig pouzdano
póusdano
zwischen između *(+ gen)*
ísmedju

Kroatische Schilder und Aufschriften

A

adresa Adresse
agencija Agentur
auto Auto
autobusna postaja Bushalte-
  stelle
auto-camp Campingplatz
auto-cesta Autobahn

B

banka Bank
benzin Benzin
besplatno kostenlos
bezolovni bleifrei
bicikl Fahrrad
blagajna Kasse
bolnica Krankenhaus

C

café Café
carina Zoll
centar Zentrum
crkva Kirche
čekaonica Wartezimmer
četvrtak Donnerstag

D

dan Tag
desno rechts
dežurni diensthabend
dizel Diesel
djeca Kinder

dnevno jelo Tagesgericht
Dobar dan! Guten Tag!
Dobrodošli! Willkommen!
dolazak Ankunft
domaće hausgemacht,
  inländisch
domaći letovi Inlandsflüge
dopodne vormittags
Doviđenja! Auf Wiedersehen

E

engelski Englisch

F

foto Fotogeschäft
francuski Französisch
frizer Friseur

G

gostionica Gaststätte
gratis gratis
grupa Gruppe

H

hitna kirurška ambulanta
  Unfallaufnahme
hitna pomoć Notruf
hostel Jugendherberge
hotel Hotel
Hrvatska Kroatien
hrvatska kuna kroatische Ku
hrvatski Kroatisch

I

ime Name
informacije Auskunft
inkluzivno inbegriffen
inozemstvo Ausland
invalidi Behinderte
izlaz Ausfahrt, Ausgang
izlaz za nuždu Notausgang
iznajmljivanje Vermietung
iznajmljivanje auta Autovermietung
iznajmljivanje bicikla Fahrradverleih

J

jelovnik Speisekarte

K

kabine za presvlačenje Umkleidekabinen
karta Karte
kat Stockwerk
kaucija Kaution
kemijska čistionica Reinigung
kino Kino
kiosk Kiosk
knjigovodstvo Buchhaltung
kolosjek Gleis
kovanica Münze
kupalište Badestrand

L

lijevo links
ljekarna Apotheke

M

meni Menü
mesar Fleischer
međunarodni letovi Auslandsflüge
međunarodno international
misa Heilige Messe
mjenjačnica Geldwechsel
mjenjačnica Wechselstube
Molimo ne naslanjati se! Bitte nicht anlehnen!
most Brücke

N

napojnica Trinkgeld
naselje s bungalovima Bungalowsiedlung
na večer abends
ne nicht
nedjelja Sonntag
Ne naginji se van! Nicht hinauslehnen!
Nepitka voda Kein Trinkwasser
nepušaći Nichtraucher
novčanica Geldschein
njemački Deutsch

O

odlazak Abreise
odmorište Raststätte
odrasli Erwachsene
olovni verbleit
opasno gefährlich
opasnost Gefahr

opasnost od požara
   Brandgefahr
Opasnost po život
   Lebensgefahr!
optičar Optiker
otvoreno geöffnet

P

pansion Pension
pekarnica Bäckerei
petak Freitag
podzemna željeznica U-Bahn
pohranjene pošiljke post-
   lagernde Sendungen
polazak Abfahrt
policija Polizei
polijetanje Abflug
pomoći helfen
ponedjeljak Montag
poništiti entwerten
po noći nachts
ponovno wieder
popust Ermäßigung
posebna ponuda Sonder-
   angebot
poslije podne nachmittags
postaja Haltestelle
postolar Schuhmacher
pošta Post
poštanska marka Briefmarke
potpis Unterschrift
Pozor! Achtung!, Vorsicht!
Pozor, oštar pas! Vorsicht,
   bissiger Hund!

praonica Waschsalon
praonica auta Autowasch-
   anlage
praznik Feiertag
predprodaja Vorverkauf
prijava Anmeldung
pritisnuti drücken
privatni put Privatweg
privatno privat
prizemlje Erdgeschoss
prodavaonica prehrambene
   robe Lebensmittelgeschäft
proslava Fest
prostorija za previjanje
   Wickelraum
prva pomoć Erste Hilfe
pušači Raucher
putovnica Reisepass

R

radni dani Werktage
radnim danom wochentags
radno vrijeme Öffnungszeite
radovi na cesti Straßen-
   arbeiten
ravno geradeaus
razgledavanje Besichtigung
razgledavanje s vodičem
   Führung
razlika novca Wechselgeld
recepcija Rezeption
restoran Restaurant
ribarnica Fischgeschäft
ručni rad handgemacht

S

samoposluga Selbstbedienung
sat Stunde
semafor Ampel
sezonska rasprodaja Schlussverkauf
slobodan ulaz Eintritt frei
slobodno frei
Slobodno! Herein!
služba za spasavanje
  Rettungsdienst
sobe slobodne Zimmer frei
sprava za gašenje požara
  Feuerlöscher
srijeda Mittwoch
staza za bicikle Fahrradweg
studenti Studenten
subota Samstag
sve dane alle Tage

T

taxi Taxi
toalet Toilette
trajekt Fähre
tramvaj Straßenbahn
trg Marktplatz
turistička agencija Reisebüro
turističke informacije
  Touristeninformation

U

ugao Ecke
u jutro morgens

ulaz Eintritt, Einfahrt, Eingang
ulaznice Eintrittskarten
ulica Straße
u podne mittags
U pomoć! Hilfe!
utorak Dienstag

V

vatra Feuer
vatrogasna služba Feuerwehr
velesajam Messe
vijećnica Rathaus
Visoki napon. Opasno po
  život! Starkstromleitung.
  Lebensgefahr!
voda Wasser
voziti polako langsam fahren
vozne karte Fahrkarten
vuci ziehen

Z

zabranjeno verboten
Zabranjeno paliti vatru! Feuer
  machen verboten!
Zabranjeno parkiranje! Parken
  verboten!
Zabranjeno parkiranje pred
  ulazom! Einfahrt freihalten!
zakašnjenje Verspätung
zaobilaznica Umleitung
zatvoreno geschlossen
zauzeto belegt, besetzt
zračna luka Flughafen

Die Zahlen

0 ...... **nula** núla
1 ...... **jedan** *m*, **jedna** *f*, **jedno** *n*
jédan, jédna, jédno
2 ...... **dva** *m/n*, **dvije** *f* dwa, dwíje
3 ...... **tri** tri
4 ...... **četiri** tschétiri
5 ...... **pet** pet
6 ...... **šest** scheßt
7 ...... **sedam** ßedam
8 ...... **osam** óßam
9 ...... **devet** déwet
10 ...... **deset** déßet

11 ...... **jedanaest** jedánaeßt
12 ...... **dvanaest** dwánaeßt
13 ...... **trinaest** trínaeßt
14 ...... **četrnaest** tschetŕnaeßt
15 ...... **petnaest** pétnaeßt
16 ...... **šesnaest** schéßnaeßt
17 ...... **sedamnaest** ßedámnaeßt
18 ...... **osamnaest** oßámnaeßt
19 ...... **devetnaest** dewétnaeßt
20 ...... **dvadeset** dwádeßet

21 ...... **dvadeset (i) jedan** dwádeßet (i) jédan
22 ...... **dvadeset (i) dva** dwádeßet (i) dwa
23 ...... **dvadeset (i) tri** dwádeßet (i) tri
24 ...... **dvadeset (i) četiri** dwádeßet (i) tschétiri
25 ...... **dvadeset (i) pet** dwádeßet (i) pet
26 ...... **dvadeset (i) šest** dwádeßet (i) scheßt
27 ...... **dvadeset (i) sedam** dwádeßet (i) ßedam
28 ...... **dvadeset (i) osam** dwádeßet (i) óßam
29 ...... **dvadeset (i) devet** dwádeßet (i) déwet
30 ...... **trideset** trídeßet